AF450882

TÉCNICAS DE DEFENSA PERSONAL

FRANCISCO VEGA

www.defensapersonal.guiaburros.es

Primera edición: junio de 2020

ISBN: 978-84-18121-25-8

Depósito legal: M-14621-2020

IMPRESO EN ESPAÑA/ PRINTED IN SPAIN

Si después de leer este libro, lo ha considerado como útil e interesante, le agradeceríamos que hiciera sobre él una **reseña honesta en Amazon** y nos enviara un e-mail a **opiniones@guiaburros.es** para poder, desde la editorial, enviarle **como regalo otro libro de nuestra colección.**

Agradecimientos

Siendo sincero, no sé por dónde empezar a dar las gracias, pues son demasiadas las personas a las que tengo muchísimo que agradecer. Pero por algún lado hay que empezar:

A José María Montero, conocido como "Chema", y a Manolo García, conocido como "Presi", grandes profesores, enormes personas y buenos amigos que hacen que después de tantos años y espaldarazos uno quiera seguir entrenado, y por si fuera poco, con una sonrisa. También quiero dar las gracias a todos mis amigos del Club de Judo de Leganés, pero sobre todo, y con un especial cariño, a Olimpo Rayo por ser mi primer maestro y mentor, por aguantarme desde bien pequeño y enseñarme tantísimo y con tanta dedicación. Muchísimas gracias a todos de todo corazón.

A Francisco Vivas Panadero y Carlos González Calzas, que tanto me enseñan y con los que da gusto darse de golpes. Solo quiero decirles que son unos profesores estupendos y unos amigos magníficos. Por supuesto, también quiero acordarme en este momento del resto de mis amigos del Club Elemental Long Quan.

A Juan Carlos Serrato, que tanto empeño, y de tan buen grado, pone en que pueda seguir avanzando en el Wushu, y sobre todo por comportarse siempre como un buen amigo ayudándome en todo cuanto puede y más. Muchas gracias por todo el tiempo dedicado y por ceder su gimnasio para las fotos que aparecen en este libro. Gracias también a todos los compañeros de la Escuela Superior Wudao.

Gracias a la "Coquilla Carmesí", conocido como Daniel Torres (efectivamente, lo he dicho bien), por hacer posible la edición este libro y por dejarse torturar para las fotos y en otros entrenamientos precedentes, y espero que también en otros posteriores. ¡Muchas gracias pimpollo!

Por último un agradecimiento muy especial a Ana por todo su apoyo y comprensión cada vez que no puedo estar con ella porque tengo que entrenar y por estar ahí cada vez que me rompo y no salir corriendo ¡que no es poca cosa!

Muchas gracias a todos.

Sobre el autor

 **Francisco Vega** tiene más de 20 años de experiencia en el mundo de las artes marciales.

Se inició en la disciplina del Judo con 6 años en el Club de Judo Leganés, poseyéndo a día de hoy el cinturón negro tercer dan y el título de Entrenador Nacional por la Federacion Madrileña de Judo.

A su vez es todo un experto y estudioso de las disciplinas marciales chinas y tiene sendos cinturones negros y títulos de Monitor Nacional en *Kung Fu* Moderno, *Wushu* de Wudang y *Sanda* (*kickboxing* chino).

Actualmente se dedica profesionalmente a la enseñanza de las artes marciales y a seguir aprendiendo e investigando acerca de los deportes de combate.

Índice

Prefacio

Las situaciones peligrosas siempre han estado a la orden del día, y por ello desde el inicio de los tiempos la humanidad se ha encargado de su protección lo mejor que ha podido, llegando a desarrollarse una gran variedad de sistemas de artes marciales y de lucha en todo el mundo. Buenos ejemplos de esto son: el Karate con su muchas escuelas, el Judo, el *Tai Ji Quan* y el *Wushu* en cualquiera de sus estilos, la lucha canaria, el *Krav Magá*, el *Muay Thai* tailandés, el *Savate* francés, o el boxeo inglés entre otros cientos de estilos. En muchos de estos sistemas se practican con las manos vacías y con armas tradicionales como lanzas, espadas, hoces, plomadas, abanicos, dagas y un largo etc.; y en otros con armas más modernas como fusiles o bolígrafos. Podemos observar que cualquier cosa vale para darse de golpes con quien sea.

Las artes marciales, en un principio se utilizaban en los conflictos bélicos de otros tiempos, en los que se luchaba principalmente cuerpo a cuerpo. Pero en las épocas de paz, algunas de estas artes se fueron convirtiendo paulatinamente en deportes, formas de expresión artística o en métodos para mantener la salud, perdiendo así algunas de ellas su base marcial.

Las técnicas de defensa personal de hoy en día, en cualquiera de sus formas, sea militar, policial, o civil (incluida la de mujeres), es tan solo otra derivación de este proceso adaptativo a la conveniencia de los tiempos actuales. Técnicamente, apenas son distintas entre ellas, pero las diferencias esenciales se encuentran en la finalidad de estas y, por ello, en su entrenamiento. Tomando el Judo por ejemplo: este es un estilo en el que priman las proyecciones, o derribos, y los controles en el suelo, entre los que se incluyen luxaciones y estrangulaciones. Un militar en tiempos de guerra podrá aplicar las luxaciones, estrangulaciones y derribos hasta sus últimas consecuencias, cosa que no podrá hacer, por ejemplo, un policía, al que se le impide llegar, en principio, a ciertos extremos, y tan solo se le deja controlar y esposar al delincuente con el menor daño posible.

Lo mismo nos pasará para la defensa personal civil. En principio deberemos aplicar una fuerza proporcional a la del ataque realizado. Esta fuerza dependerá de la situación, de por ejemplo si es de noche o de día, del número de atacantes o de si estos están armados o no.

Supongo que debo dejar claro que la intención de este libro no es sustituir, ni siquiera corregir, las directrices de ningún maestro o profesional de las artes marciales y de la defensa personal. Pretendo únicamente dar una serie de ideas sobre algunas técnicas y algunos de sus posibles usos. Espero que los lectores sean conscientes de la necesidad, sobre todo si nunca han practicado este tipo de artes o deportes, de la supervisión de un profesional, ya que las técnicas tanto de derribo como de luxaciones pueden ser muy peligrosas. Está bien hacérselas a los "malos", pero a tus amigos y compañeros está muy feo romperlos.

Breve historia de la creación y expansión del Judo y del *Krav Magá*

Siguiendo con la idea de que las artes marciales se crearon a partir de la intención de su fundador y que evolucionaron con el devenir de los tiempos, se contextualizarán históricamente y se explicarán brevemente los sistemas del Judo y el *Krav Magá*.

Judo

Su creador fue Jigoro Kano(1860-1936), que entre otras cosas fue el fundador y presidente del *Ko-do-kan* (casa donde se enseña el camino), catedrático y profesor del Colegio Gakushuin, creador de la *Butoku-kai* (Asociación de las Artes Marciales de Japón), miembro del Comité Olímpico Internacional, fundador la Asociación Nacional de Educación Física y presidente de la misma. Kano fue el primero establecer el sistema pedagógico de cinturones y *danes* que posteriormente, de una u otra forma, copiarían las demás artes marciales. Siendo secretario del ministro de educación, se encargó de agregar el Judo y el *Kendo* al currículum deportivo de las escuelas de preparación de profesores y de escuelas secundarias de Japón.

Estudiaría presencialmente en dos escuelas de *Jujutsu*: en la *Tenjin Shinyô-ryu* y en la *Kito-ryu*. A lo largo de toda su vida, recopilará una gran cantidad de pergaminos pertenecientes a diferentes escuelas de artes marciales temerosas de que sus estilos cayeran en el olvido. Tanto él como sus alumnos participaron en múltiples exhibiciones y torneos con diversas escuelas de artes marciales, quedando siempre, o casi siempre, muy bien parado su estilo, resultando todo esto muy beneficioso para la expansión del Judo, que poco a poco fue siendo impartido en academias policiales y militares, en universidades y en escuelas primero de Japón y luego de todo el mundo.

Kano fue ante todo un pedagogo cuyo afán fue respetar y rescatar las tradiciones de su país, pues creía firmemente que podían ser de mucha utilidad en un mundo en el que los constantes cambios sociales, económicos y militares hacían cada vez menos necesaria la lucha cuerpo a cuerpo. Pensaba que las artes marciales, lejos de ser inútiles, aún podían ser un buen método de educación tanto física como espiritual, rescatando así los viejos valores del *bushido* que la nueva sociedad japonesa estaba arrinconando.

Desde poco antes de su nacimiento, y a lo largo de su vida, se experimentaría en Japón una época de intensos cambios, empezando por un periodo conocido como *Bakumatsu* (1853-1867) debido en buena parte a la forzada apertura de Japón al exterior en 1853 por el comodoro Perry. El Shogunato Tokugawa no pasaba por su mejor momento, ya que empezaba a tener disputas internas que se agravaron al ceder a las exigencias de apertura comercial estadounidenses, cosa que daría lugar a un enfrentamiento entre los partidarios y detractores de dicha apertura económica internacional. Inmediatamente después de esto comenzaría la modernización y occidentalización del ejército, lo cual fue una nueva fuente de discrepancias.

A colación de todo esto sucedió un hecho insólito que no ocurría en el Japón desde hacía siglos: el Emperador se pronunció políticamente e intervino en los asuntos del país posicionándose en contra del Shogun. La sociedad japonesa se polarizó aún más dividiéndose entre los partidarios del Shogun y los del Emperador.

Puede que no se lo crean ustedes, pero mientras todo esto ocurría, algunos *daimyo* (señores feudales) se enfrentaron por su cuenta las potencias occidentales (Reino Unido, Francia, Estados Unidos...). El clima político era espantoso, no había un solo día en el que no hubiera enfrentamientos, asesinatos, arrestos y ajusticiamientos. Como no podía ser de otra manera, las muertes del Shogun Tokugawa Iemochi(1866) y del Emperador Komei(1867) no ayudaron demasiado a la situación. Los sustituyeron el Shogun Tokugawa Yoshinobu y el Emperador Meiji. Los clanes Satsuma y Choshu en el 1867 se alzarían contra el Shogun, el cual decidiría no luchar, dando aún más ventaja a sus ya fuertes rivales y propiciando la caída del shogunato durante las Guerras Boshin (1868-1869), tras las que el Shogun abdicaría su poder en el Emperador. Esta medida estuvo lejos de poder apaciguar a los clanes Satsuma y Choshu, que pretendieron tomar infructuosamente la corte imperial. Tras ser derrotados, el Clan Satsuma se retiraría a Hokkaido, donde formaría la República de Enzo, rendida en 1869.

A partir de estos incidentes, el país sufriría unos importantes cambios de estilo de vida debido a su occidentalización, perdiendo en este proceso sus valores morales y sus estamentos sociales. Téngase en cuenta que pasaron de ser una sociedad feudal donde el estamento más alto se dedicaba a guerra (si bien llevaban unos dos siglos de paz) y en la que los artesanos y comerciantes estaban tan solo un poco por encima de los estratos más estigmatizados. A partir de este momento, y en muy poco tiempo, muchos de los *daimyo* se arruinaron debido a su nula capacidad para comerciar, todo esto pese a las leyes imperiales promulgadas para beneficiarles. Sin embargo, los comerciantes prosperaron enormemente, lo que cambiaría los hábitos y costumbres del país rápidamente en detrimento de los viejos valores feudales. No obstante, algunos vieron una utilidad a los viejos valores en el mundo moderno, y a aquí es donde entra en juego nuestro protagonista: Jigoro Kano.

En un Japón que se occidentalizó y modernizó rápidamente y que adoptó una política exterior excesivamente beligerante para poder competir de tú a tú con las potencias internacionales de la época, Jigoro entendía la vida de una forma pacifista y pensaba que tanto oriente como occidente podían y debían compartir, aprender y ayudarse entre ellos y creó un sistema marcial consecuente con estas ideas al que denominó Judo. *Ju* significaba suavidad y flexibilidad, y *Do* vía o camino en sentido filosófico. Kano pretendió que su arte marcial no fuera un simple método de defensa personal eficaz, sino que también fuese una buena herramienta para forjar el carácter y cuidar la salud del cuerpo. Este nuevo arte se inspiraba directamente en los antiquísimos métodos de peleas sin armas de los guerreros samuráis, pero la reformulación que hizo Kano de estas antiguas disciplinas en clave filosófica explica por qué decidió excluir de este nuevo sistema quitar todos los elementos más lesivos y peligrosos, como los golpeos y "pellizcos" en puntos vitales, ciertas luxaciones, etc., y por qué puso más énfasis en valores como el respeto o el esfuerzo.

Kano basó su estilo en el "principio de la máxima eficiencia". Creó un método de aprendizaje completo que contenía un sistema de gimnasia cuyos movimientos tenían un interés técnico que hacía que con su práctica habitual se desarrollasen destrezas. Partió de una base consolidada previamente por otras artes marciales, pero cualquier sistema que incluya estos puntos es válido.

También incluyó otro concepto, el de "bienestar y beneficio mutuos", el cual nos insta a no intentar vencer a nuestro compañero de prácticas, sino a tratar de estudiar con él, pues si le dañamos, este no volverá a practicar y por tanto no podremos aprender. Si no tenemos conocimientos no podemos ser útiles, por lo que una actitud meramente combativa no nos traerá beneficios a nosotros mismos, ni a nuestros compañeros, ni a la sociedad. Ese principio, al igual que el anterior, debe aplicarse en todas las facetas de la vida y no solamente en el *dojo*.

Modernizó ciertos aspectos de la práctica, dando cierta preponderancia al *randori* (la práctica libre) sobre la *kata* (formas de combate preestablecidas), pero aun así insistió en la importancia de estas últimas. Pero, poco a poco, la importancia de las *katas* y de la filosofía fue diluyéndose y olvidándose debido, en buena parte, a la expansión del judo por todo el mundo y por el hecho de que pasó a ser un deporte olímpico (Tokio, 1964). Este último hecho, a mi entender, es contradictorio con los preceptos iniciales, ya que, como en todo deporte, ahora se busca una mejora del rendimiento y la victoria sobre un adversario, por lo que paulatinamente se acaban desechando los componentes que no conduzcan a esto, incluidos los principios filosóficos.

En suma, la intención de Jigoro Kano al crear el *Judo Kodokan* era crear un sistema educativo, con un alto contenido filosófico y moral, y que a su vez fuera un sistema de gimnasia y de defensa personal que además sirviera para volver útiles y unir a todos los individuos de la sociedad, tanto nacional como mundialmente.

Krav Magá

Para entender bien la historia de este sistema, es muy necesario comprender la historia reciente del Estado de Israel.

Los territorios que hoy pertenecen al Estado de Israel, Oriente Medio casi en su totalidad más Egipto, pertenecieron antaño al ya desaparecido Imperio Otomano. A lo largo del siglo XIX, las potencias occidentales, sobre todo Francia y el Imperio Británico, aprovecharon las crisis internas y la debilidad del Imperio Otomano para arrebatarle territorios y para alimentar los nacionalismos de los pueblos a los que dicho imperio oprimía. Mientras tanto, los judíos europeos, hartos de la discriminación y persecución que sufrían en sus países de origen, comenzaban a concebir la idea de crear un Estado judío propio: Israel.

Al finalizar la Primera Guerra Mundial, el Imperio Otomano fue derrotado y desapareció para siempre. Algunas de las naciones que controlaban los otomanos lograron independizarse, pero muchas otras pasaron a convertirse en protectorados del Imperio Británico y Francia.

Muchísimos judíos europeos emigraron hacia el Protectorado Británico de Palestina y poco a poco fueron surgiendo los primeros conflictos entre los recién llegados y la población local. Las tensiones se extendieron también hacia las autoridades británicas, a las que los judíos reclamaban que les cedieran el territorio para poder crear el estado de Israel.

Conforme avanzaba el siglo XX, también crecía la influencia del antisemitismo y el totalitarismo en Europa. Este proceso alcanzó su culmen con la llegada de los nazis al poder en Alemania. Todos estos sucesos hicieron que se disparara el número de judíos emigrados. Muchos de estos judíos se plantearon la cuestión de crear movimientos de autodefensa para protegerse de las agresiones antisemitas, y a la par los que ya estaban en Palestina crearon grupos armados y recurrieron a la violencia contra los británicos para poder alcanzar la meta del estado propio.

Después de la Segunda Guerra Mundial, tras los sucesos acontecidos en el holocausto, casi ningún judío quería seguir viviendo en Europa, y los que no emigraron a Estados Unidos, se establecieron en Palestina. Después de la guerra, las potencias internacionales se plantearon seriamente la creación de un Estado en Oriente Medio para los judíos. Los británicos se retiraron de Oriente Medio y obtuvieron la independencia muchas de las naciones árabes que existen hoy en día: Egipto, Líbano, Siria, Irak, Jordania, etc. Tras la retirada británica, la ONU dictaminó que la región de Palestina se repartiría entre un estado judío y otro árabe. Así es como nació el Estado de Israel.

Los palestinos y sus vecinos árabes se sintieron agraviados por la creación del Estado de Israel, pues consideraban que los judíos estaban usurpando esas tierras. Inmediatamente después del nacimiento de Israel, los países árabes con los que compartía frontera lo invadieron. Israel salió victorioso de este conflicto y de todas las guerras sucesivas. Después de cada victoria, Israel iba acrecentando su territorio a costa de los derrotados, llegando incluso a desaparecer el Estado Palestino. Todo esto no hizo más que acrecentar la tensión en la zona.

A día de hoy, Israel sigue teniendo que enfrentarse día a día a los grupos terroristas palestinos y a agresiones externas inminentes. Con una situación así, es fácil entender por qué es necesario un sistema como el *Krav Magá*.

El fundador del *Krav Magá*, Imi Lichtenfeld, nació en 1910 en Budapest y se crió en Bratislava, donde su padre era inspector de policía y le enseñó técnicas de defensa personal japonesas. Aprendió también boxeo y lucha greco-romana, llegando a competir a nivel internacional en ambas disciplinas.

Durante la década de 1930, luchó contra los grupos antisemitas de su ciudad junto a un grupo de jóvenes judíos. Fue a partir de aquel momento cuando se dio cuenta de que las técnicas de competición no eran siempre aplicables a una pelea callejera y cuando empezó a adaptarlas para el combate real.

En la década de 1940, huyó de la ocupación nazi y partió hacia el mandato británico de Palestina, donde fue muy bienvenido en la Haganá, la organización paramilitar que después se convertiría en el ejército israelí. En 1944 empezó a entrenar a las tropas regulares y de élite de la organización, enseñándolas natación, entrenamiento físico y defensa personal con y sin armas.

Recordemos que tras la Segunda Guerra Mundial, los judíos lucharían contra las autoridades británicas, contra los árabes, etc. En esta fase, poco a poco, su método iría mejorando, pero ante la imposibilidad de alargar el entrenamiento de las tropas, pues este debía de ser breve, en 1964 decidiría retirarse del ejército y crear su propia escuela donde poder desarrollar por completo lo que terminaría siendo el *Krav Magá*. Consiguió abrir los primeros centros de entrenamiento en Netanya y Tel Aviv.

Moriría en 1988 a los ochenta y ocho años después de haber dedicado toda su vida a la confección de este método, basado en la sencillez y en la ejecución de movimientos naturales para la defensa personal bajo cualquier circunstancia y sin ningún tipo de reglamentación. Hay que remarcar que el *Krav Magá* es un método para la protección que no hace hincapié en el uso de estas técnicas para imponerse a los demás.

La gran expansión de este gran sistema se debe a que fue adoptado por el ejército y en Israel el servicio militar es obligatorio, aparte de que es implacable y eficaz. Esta eficacia ha hecho que muchos otros cuerpos militares y policiales del mundo lo hayan hecho suyo.

Preparación física

Esta sección, como el resto del libro, es orientativa, tan solo pretende lanzar unas ideas al aire con la esperanza de que ayuden al lector, pero no pretende sustituir a los especialistas en preparación física.

No obstante, quisiera que se tuviera en cuenta la importancia de tener un estado físico óptimo tanto a la hora de entrenar, como a la de actuar ante un imprevisto de esta índole, ya que en todas las ocasiones es un factor determinante.

Piernas

Sentadillas

Piernas abiertas a la anchura de los hombros, pies paralelos apuntando al frente y espalda recta. Bajaremos el trasero hasta la altura de las rodillas con la espalda lo más recta posible.

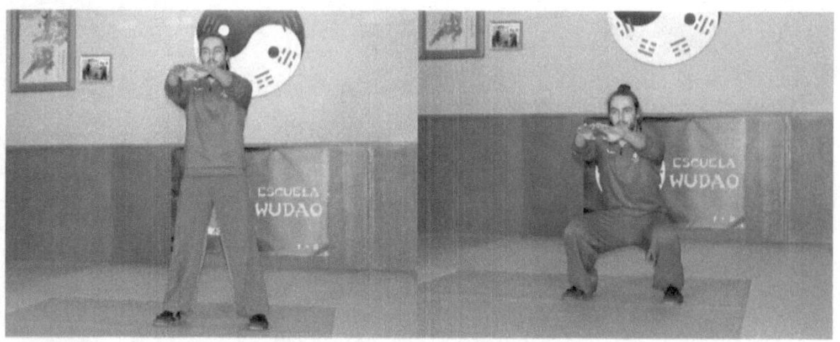

Carga

Hacer 3 series de 15 repeticiones con descansos de 30 segundos. Aumentar o disminuir la cantidad de series, de repeticiones o tiempo de descansos según la intensidad deseada.

Variantes

- Saltar cada 5 o 3 repeticiones.
- Sujetar peso entre las manos o en cada mano.
- Con un compañero sentado en los hombros.
- Hacerlas a una pierna.

Zancadas

De pie con los pies juntos, avance la pierna derecha lo más lejos posible y baje la postura resultante hasta que la rodilla esté cerca del suelo, pero sin tocarlo, manteniendo la espalda recta. La pierna derecha tendrá el pie totalmente apoyado en el suelo, con la rodilla doblada a 90°. La izquierda, que estará atrasada, estará apoyada sobre los dedos haciendo el empeine-tibia 90°, y la rodilla también. Repetir con la otra pierna.

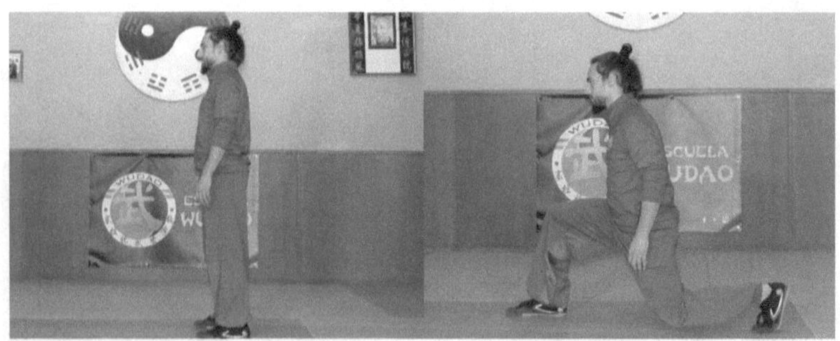

Carga

Hacer 3 series de 15 repeticiones con cada pierna, descansos de 30 segundos. Aumentar o disminuir la cantidad de series, de repeticiones o tiempos de descansos según la intensidad deseada.

Variantes

- Cambiar la pierna a cada paso, es decir avanzar la derecha , recojerla y avanzar la izquierda.
- Cambiar las piernas de un salto.
- Con lastres, en los pies al saltar

Subidas de gemelos

De pie, con la espalda recta, suba el cuerpo con los gemelos separando lo más posible los talones del suelo.

Carga

Tres series de 20 repeticiones con descansos de 30 segundos entre series. Modificar la intensidad de la carga aumentando o disminuyendo la cantidad de series, repeticiones o tiempos de descansos según lo deseado.

Variantes

- A una pierna.
- Con el pie en una espaldera o escalón.
- Salto con los tobillos juntos, intentando no doblar las rodillas al saltar.

Abdomen

Con las piernas estiradas y hacia arriba(formando una L con el cuerpo) suba el pecho hasta tocar los pies.

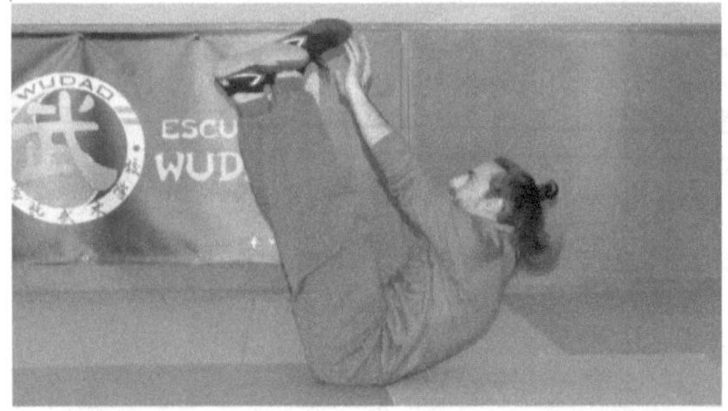

Tumbado bocarriba con las piernas estiradas a 45° grados del suelo, subirlas y bajarlas en un rango de entre los 30° y los 60 °, pudiendo ser ambas a la vez o una hacia arriba y la otra hacia abajo.

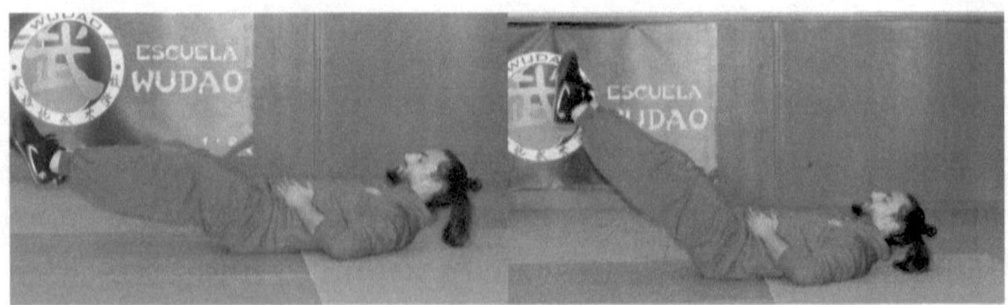

Tumbado bocabajo con las piernas estiradas, lleve las piernas al pecho flexionándolas. También pueden llevarse al mismo tiempo las piernas al pecho y el pecho a las piernas, encontrándose en medio.

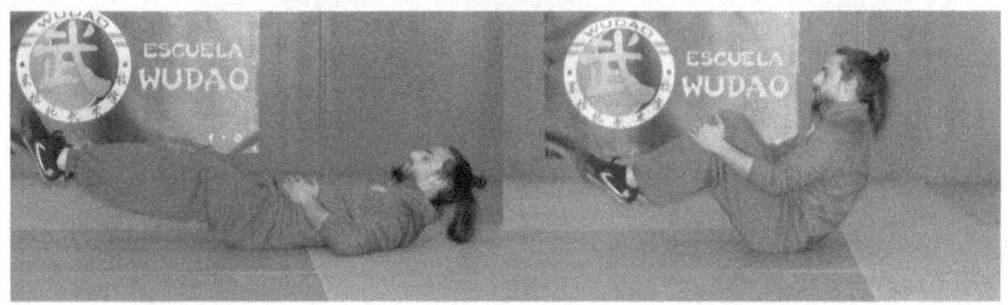

Brazos

Explicado de forma un poco burda, todas las flexiones de brazos trabajan los músculos del tren superior, hombro, pecho, dorsal, bíceps y tríceps, pero cada una concentra la carga un poco más en un sitio que en otro, por ello daré varios ejercicios, de forma que queden todos cubiertos.

Otra nota a tener en cuenta es que, por norma general, cuanto más separadas estén las piernas menos peso se levanta, para quitar peso también se podrán poner las rodillas en el suelo, o tener los brazos en una altura más elevada que las piernas. Para poner más peso puedes subir los pies y juntarlos.

Dorsal-tríceps: tumbado bocabajo, piernas rectas y juntas, con los codos pegados a las costillas y las manos apoyadas en el suelo a la altura de los hombros, extienda y flexione los brazos, y con el cuerpo duro como una tabla

Carga

3 series de 25 repeticiones, con descansos de 30 segundos. Aumentar o disminuir la cantidad de series, de repeticiones o tiempos de descansos según la intensidad deseada.

Variantes

* **Bíceps-pecho:** los dos brazos abiertos, cada uno en línea con su hombro, la mano a la distancia del húmero.

* **Hombro:** los dos brazos abiertos, cada uno en línea con su hombro totalmente estirados.

* **Hombro:** los dos brazos por encima de la cabeza lo más estirados posible.

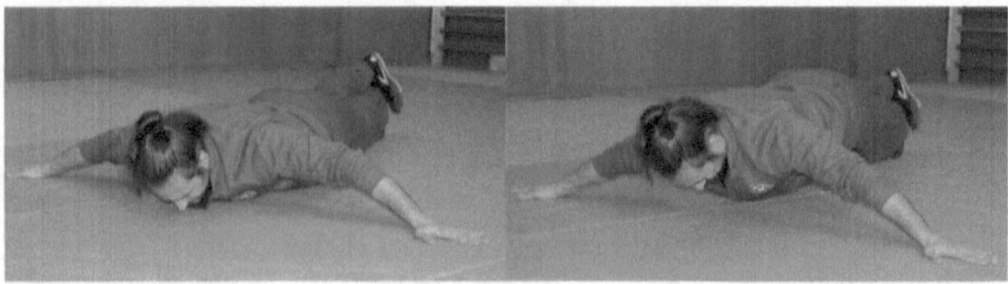

- **Tríceps:** las dos manos juntas una encima de otra a la altura del esternón por encima de la línea intermamilar.

- **Cada mano en una de las posiciones anteriores:** Ejemplo: derecha estirada por encima del hombro, izquierda, estirada hacia afuera.

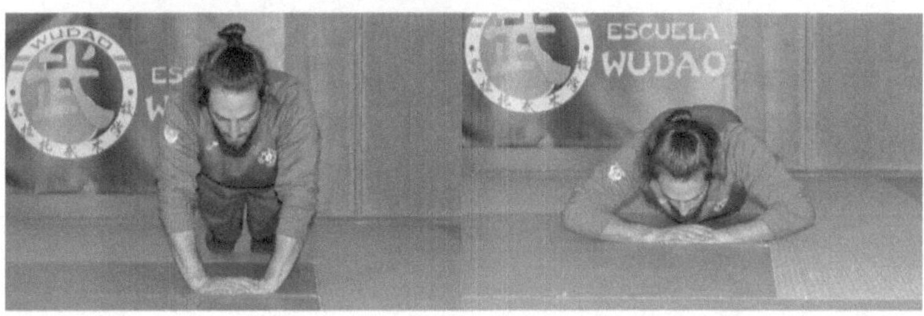

Zonas vulnerables

Hay muchas partes vulnerables en el cuerpo humano y diferentes formas de dañarlas. Algunas deberán ser presionadas o pellizcadas y otras habrán de ser golpeadas de maneras muy específicas. A continuación se indicarán algunas de las zonas más sensibles del cuerpo humano:

Puntos de presión:
- Sienes.
- Globos oculares.
- Nariz.
- Entre el labio superior y la nariz (rasgar).
- Tras los oídos.
- Hueco maxilar.
- Hueco de las clavículas.
- Tendón del tríceps (rasgar).
- Tendones de la muñeca: los flexores de los dedos (rasgar)
- Entre los gemelos.

Puntos por pellizco o pinzamiento:
- Orejas.
- Tráquea.
- Caras interna y externa del codo.
- Pectorales.
- Dorsales.
- Tendón de Aquiles.
- Cutículas.

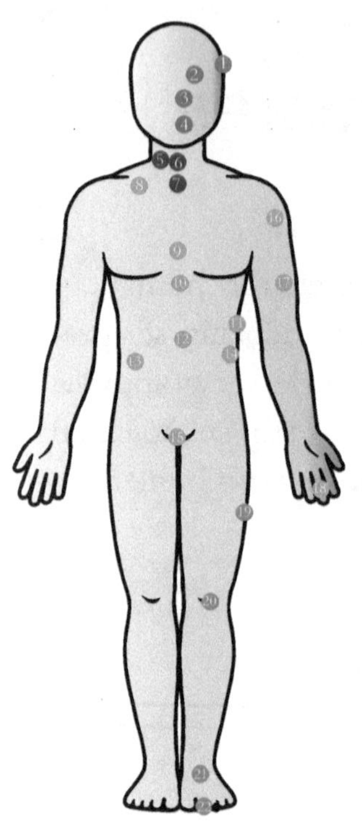

Parte anterior

1. Sienes
2. Ojos
3. Nariz
4. Base de la nariz
5. Carótida
6. Nuez
7. Tráquea
8. Hueco clavicular
9. Estenón
10. Plexo solar
11. Costillas flotantes
12. Estómago
13. Hígado
14. Bazo
15. Genitales
16. Tedón del biceps
17. Centro del biceps
18. Dedos
19. Nervio femoral
20. Rodilla
21. Empeine
22. Dedos

Parte posterior

1. Nuca
2. Trapecio
3. Tendón del triceps
4. Riñones
5. Ano
6. Cara interna del muslo
7. Hueco entre los gemelos
8. Tendón de Aquiles
9. Cutículas

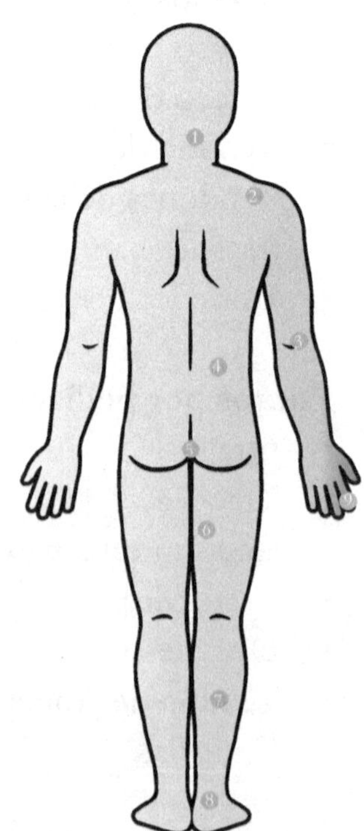

Técnicas Básicas

Durante toda esta sección, partiremos desde una posición de guardia básica: pierna izquierda adelantada a la distancia del ancho de hombros, puño izquierdo cubriendo el mentón, puño derecho cubre el lado derecho de la mandíbula, rodillas un pelín flexionadas, y el peso del cuerpo ligeramente en la punta de los pies.

Técnicas de puños

Como punto común a todos los puños, después del impacto deberían volver a la posición de guardia lo más rápido posible.

Otro punto a tener en cuenta es la debida alineación de los nudillos y el antebrazo para evitar una autodislocación de la muñeca al impactar.

La mano que no se use cubrirá su lado correspondiente de la cara.

Puños rectos

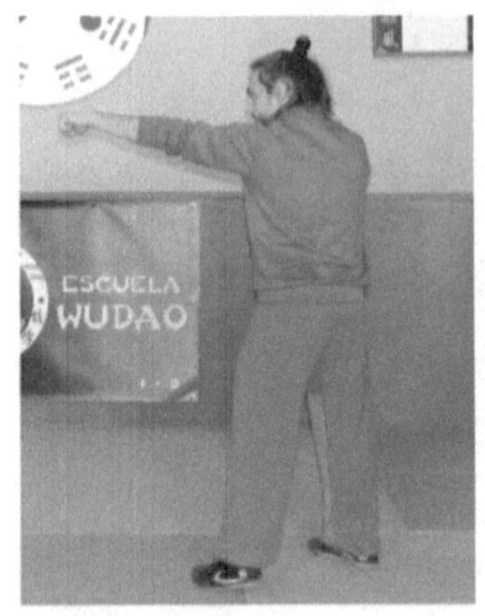

Tanto el *jab* (con el puño adelantado) como el *cross* (con el puño atrasado).

Desde la posición de guardia, el puño se lanza acompañado de una pequeña rotación desde su mismo pie, pasando por la cadera y el torso hasta el brazo, rotando este 90° alineando así la muñeca y los nudillos en horizontal al golpear. El hombro se antepone al mentón para protegerlo. Tras el impacto devuelva el puño a la guardia. La mano que no se use cubrirá su lado correspondiente de la cara.

Puños circulares

Crochet y *rip* (la diferenciación entre estos está en la altura, para el *rip* flexionaremos las rodillas para atacar al torso).

Desde la posición de guardia, el codo se retrae con el puño en horizontal, los nudillos antepuestos y con postura curvilínea. Pie, cadera y torso rotarán llevando el puño al lateral de la cabeza o mandíbula del contrario. La otra mano cubre nuestra mandíbula. Tras el impacto devolver el puño aa la guardia.

crochet

Puños semicirculares

Swing. Desde la posición de guardia, rotar el pie pasando por la cadera y torso hasta alcanzar el puño ligeramente curvado y rotado 180° para impactar con los nudillos, quedando el codo ligeramente doblado hacia arriba. Volver rápidamente a la posición de guardia. La mano que no se use cubrirá su lado correspondiente de la cara.

Puño de látigo

Desde la posición de guardia, colocar el brazo horizontalmente y extenderlo velozmente para dar al objetivo con el dorso del puño, o bien con el canto, y volver a la guardia. La mano que no se use cubrirá su lado correspondiente de la cara.

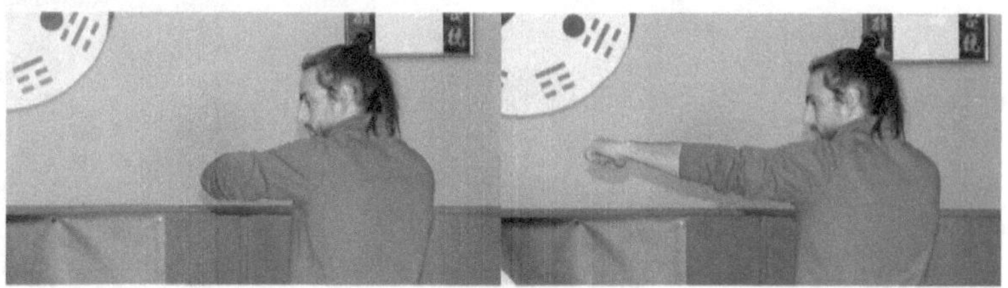

Puños ascendentes

Uppercut. Desde la posición de guardia, la mano que efectúe el impacto recaerá por debajo del nivel del mentón del oponente y la mano impulsada desde su mismo pie pasando por la cadera-torso avanzará ascendentemente. La mano que no se use cubrirá su lado correspondiente de la cara. Tras el impacto vuelva a la guardia lo más rápido posible.

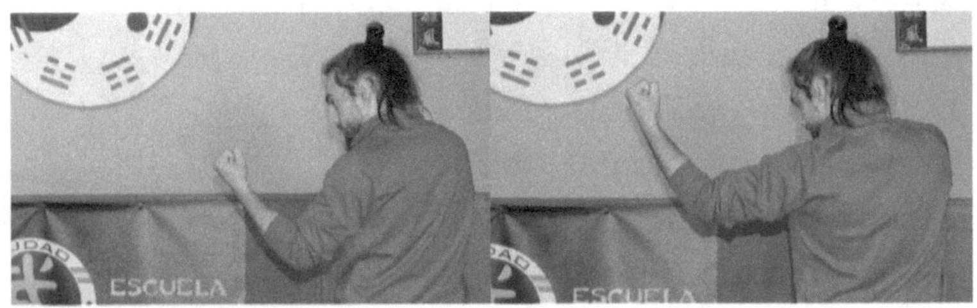

Puño en gancho

Hook. Desde la posición de guardia, la mano que efectúe el impacto recaerá por debajo del nivel del pecho del oponente, doblando un poco las rodillas. La mano impulsada por la rotación de pie-cadera-torso impactará en la zona abdominal. La mano que no se use cubrirá su lado correspondiente de la cara.

Defensa de puños

Palmear

Ambos púgiles desde la posición de guardia. *B* lanzará su puño derecho, hacia la cara de *A*, quien desviará suavemente y hacia dentro el puño de *B* con la palma de su mano izquierda punteando el pie.

Defender con los antebrazos

Desde la guardia, *B* atacará con un golpe recto o semicircular con su brazo derecho, que *A* bloqueará fuertemente con su antebrazo.

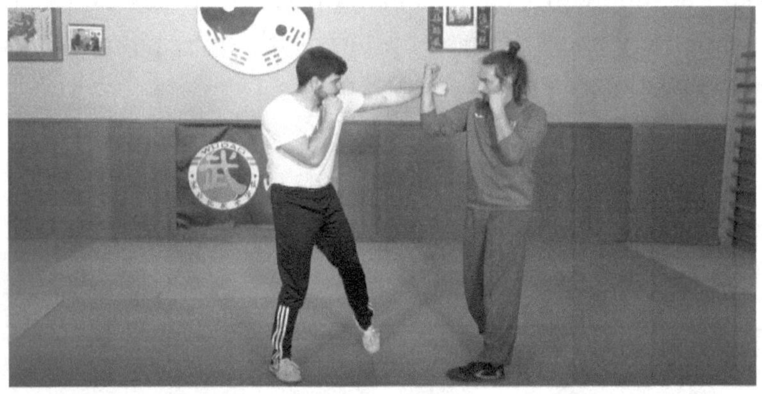

"Peinarse"

Desde la posición de guardia, *B* dará un puñetazo circular o semicircular con su brazo derecho y *A* recibirá el golpe subiendo doblado y pegado a la cara su brazo izquierdo. Puntee con los pies a la par que realice la defensa.

Bloquear hombro-bíceps

Desde la posición de guardia, *B* lanzará su puño derecho y *A* punteando con los pies, lanzará su brazo izquierdo semiestirado con la intención de golpear con la mano el hombro, el antebrazo o el bíceps de *B*.

Técnicas de patadas

Como nota común a todas las patadas: sean del tipo que sean, la patadas no se acaban tras golpear, sino al volver al suelo, a la guardia, es decir, se golpea y se apoya en el menor tiempo posible con el fin de que no sea interceptada y usada en nuestra contra.

Circular

Preparación

Desde la posición de guardia subir la pierna que patee recogida, con la rodilla flexionada, la cadera adelantada y encarada al frente. La pierna de apoyo abre el ángulo con los dedos apuntando al exterior, favoreciendo la apertura de la cadera y el tronco. Bascule ligeramente su cadera hacia atrás para equilibrar.

Ejecución

Lance la pierna hacia el blanco adelantando las caderas y colocando el pie para golpear con la parte baja de la tibia (o empeine). Al impactar es importante mantener el empeine y los dedos estirados.

Finalización

Tras el impacto volver a la posición de guardia.

Frontal

Preparación

Desde la posición de guardia, suba la pierna que va a patear recogida y con la rodilla flexible. El eje corporal ha de estar centrado y perpendicular al suelo. La pierna de apoyo no se encogerá y permanecerá orientada al frente, con la planta del pie pegada al suelo.

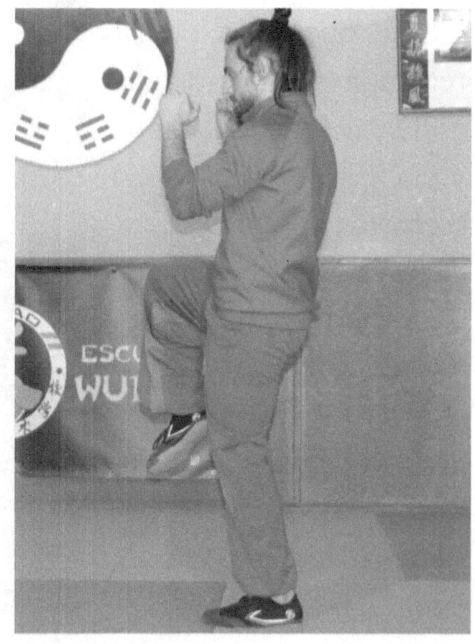

Ejecución

Lanzar la pierna hacia el blanco adelantando las caderas y colocando el pie para golpear con el talón (pie y dedos

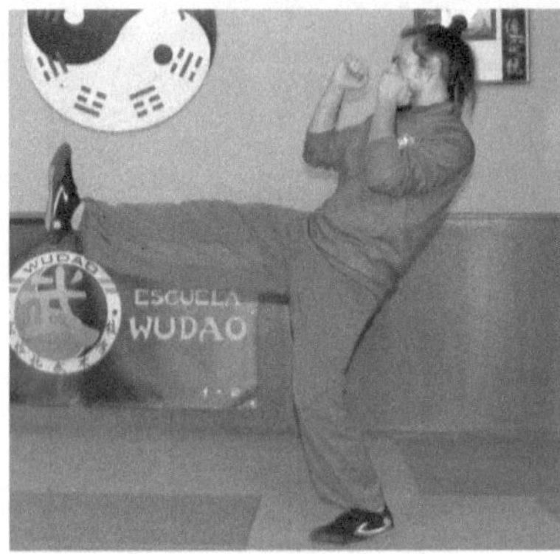

orientados hacia atrás) o planta (planta del pie hacia delante y dedos hacia atrás).

Finalización

Tras el impacto volveremos a la fase de preparación y de seguido a la guardia.

Lateral

Preparación

Desde la guardia suba la pierna que va a patear recogida y flexionada, con la cadera adelantada y encarada al frente. La pierna de apoyo debe estar estirada y el pie ha de abrirse en un ángulo con los dedos apuntando al exterior, favoreciendo así la apertura de la cadera. Bascule su peso ligeramente hacia atrás para equilibrar.

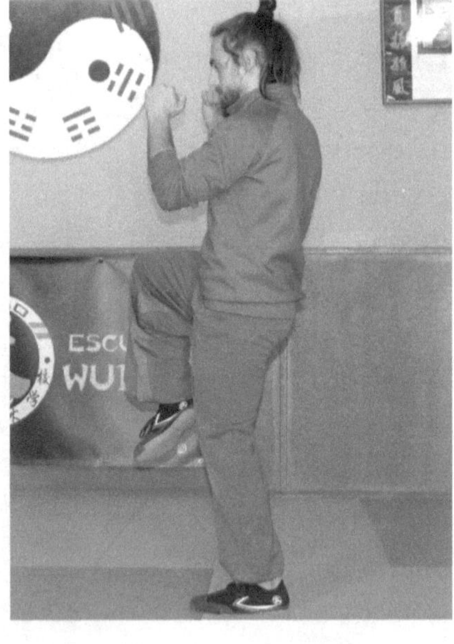

Ejecución

Lance la pierna hacia el blanco adelantando las caderas para golpear con el talón o planta (en cualquier caso con los dedos apuntando hacia nosotros).

Finalización

Tras impactar volver a la posición de preparación y de seguido a la guardia.

Defensas de patadas

Se presentan divididas en dos grupos: bloqueos o encajes y atrapes. Lo más fácil son los bloqueos, pero normalmente a costa de asumir parte del impacto. En los atrapes, en parte, también se recibirá parte del golpe, pero si se saben utilizar darán pie a posteriores contraataques como barridos y derribos, que se explicarán más adelante.

Defensa de patada frontal

Bloqueo

Ataque a las piernas:

B lanzará su pierna derecha a la rodilla izquierda de *A*, y *A* elevará su rodilla con la tibia en línea con su empeine estirado y desviará el golpe de *B* con una rotación circular hacia dentro o fuera.

Ataque al pecho:

A, desde la posición de guardia, dará un pequeño paso hacia atrás y desviará, con el antebrazo derecho en vertical y hacia la izquierda, la pierna derecha de *B* ayudándose de la rotación de la cintura.

Atrape

Desde la posición de guardia atrapar un ataque al pecho.

Si *B* lanza la pierna derecha, *A* la atrapará haciendo un cepo con el brazo derecho arriba y el izquierdo abajo, todo ello mientras mete la tripa y saca un poco el culo para evitar el impacto.

Defensa de la patada lateral

Bloqueo

Ataque a las piernas:

B atacará a *A* con la pierna derecha y *A* subirá la pierna izquierda con la rodilla doblada, bloqueando con la parte alta de la tibia el ataque de *B*.

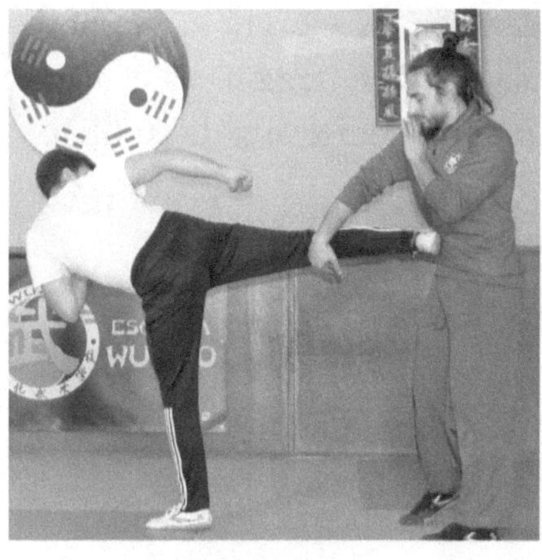

Ataque a pecho:

B lanzará la pierna derecha, *A* dará un pequeño paso hacia atrás y desviará el ataque con el antebrazo derecho en vertical y hacia abajo, ayudándose de la rotación de la cintura hacia fuera.

Atrape

Desde la posición de guardia atrapar un ataque al pecho:
Si *B* lanza la pierna derecha, *A* atrapará su pierna haciendo un cepo con el brazo derecho arriba y el izquierdo abajo, todo ello mientras mete la tripa y saca un poco el culo para evitar el impacto.

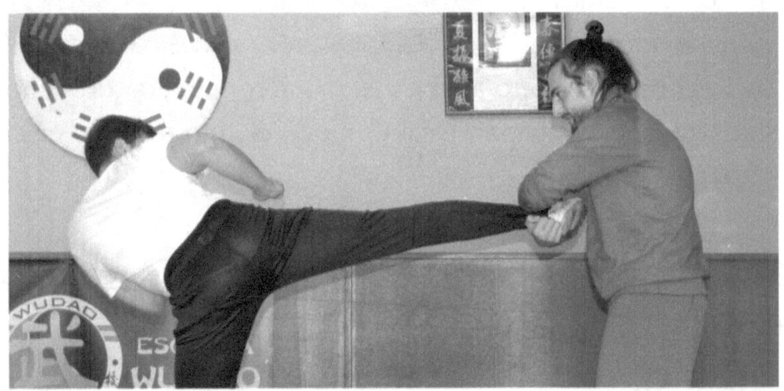

Defensa de la patada circular

Bloqueo

Ataque a piernas:

B atacará con la pierna derecha, *A* elevará la pierna izquierda con la rodilla doblada y orientada hacia el ataque para bloquear la tibia de *B* con la parte alta de su tibia.

Ataque al pecho:

Si *B* ataca con su pierna derecha, *A* usará el brazo y antebrazo izquierdo de escudo pegándolos a las costillas y se pondrá en tensión para recibir el impacto. Elevará el hombro izquierdo, bajará la cabeza y se cubrirá con el antebrazo derecho el resto de la cara a fin de cubrir la mandíbula. Para contrarrestar parte de la fuerza de *B*, A se desplazará lateralmente hacia su derecha.

Atrape

Si *B* ataca con su pierna derecha, *A* usará el brazo y antebrazo izquierdo de escudo pegándolos a las costillas y se pondrá en tensión para recibir el impacto. Elevará el hombro izquierdo, bajará la cabeza y cubrirá con el antebrazo derecho el resto de la cara a fin de cubrir la mandíbula. Para contrarrestar parte de la fuerza de *B*,

A se desplazará hacia delante y a su derecha, quedando *B* desequilibrado. *A* deberá tener cuidado con los puños de *B*, ya que este podrá usarlos fácilmente si no se le derriba rápido. Al mismo tiempo que *A* se cubre y desplaza, deberá envolver la pierna derecha de *B* con su antebrazo izquierdo, haciendo un giro en sentido horario (antihorario si *B* atacase con su pierna izquierda a nuestro costado derecho).

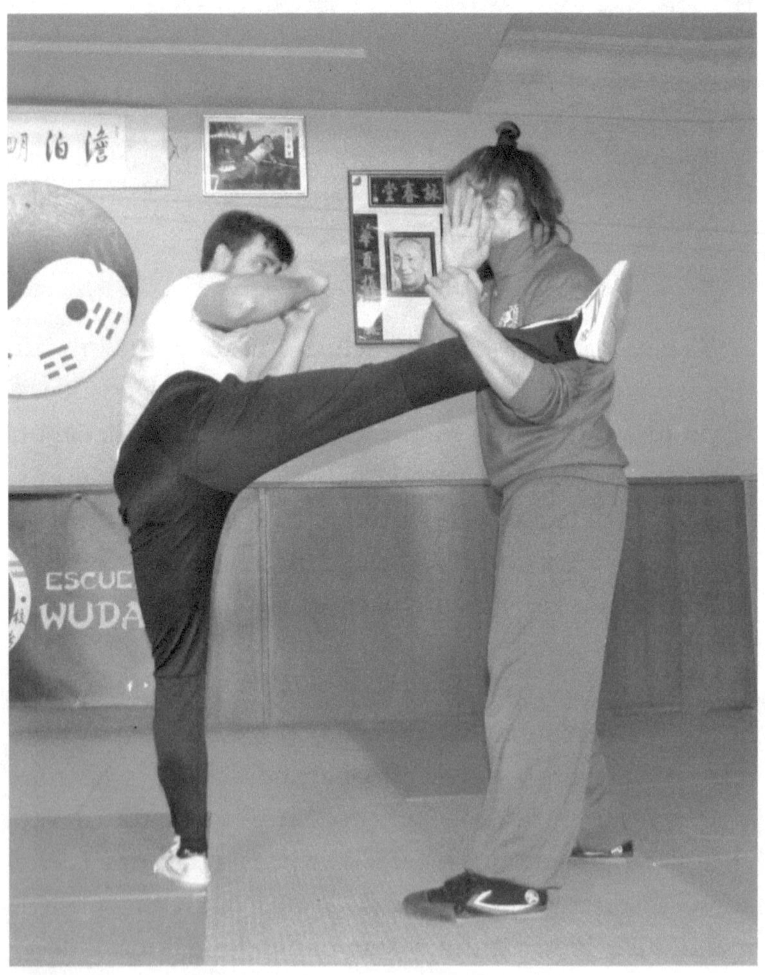

Proyecciones o derribos

Las explicaciones se harán desde una guardia neutra para facilitar la ejecución de la técnica con un compañero.

Mano derecha agarra el pecho, mano izquierda el codo derecho del compañero.

Durante la explicación *A* será siempre el ejecutante de la técnica y *B* será el "ejecutado".

Las direcciones de los desequilibrios se nombrarán respecto a *B*.

La mano izquierda de *A* sujetará el brazo derecho de *B* a la altura del codo. La mano derecha de *A* sujetará del cuello de *B*.

A dará un paso con su pierna izquierda en esa misma diagonal, orientándolo hacia delante por el lado derecho de *B*. Mientras *A* usará sus brazos para empujar a *B* hacia esa misma dirección, quedando este desequilibrado hacia atrás y en la diagonal derecha.

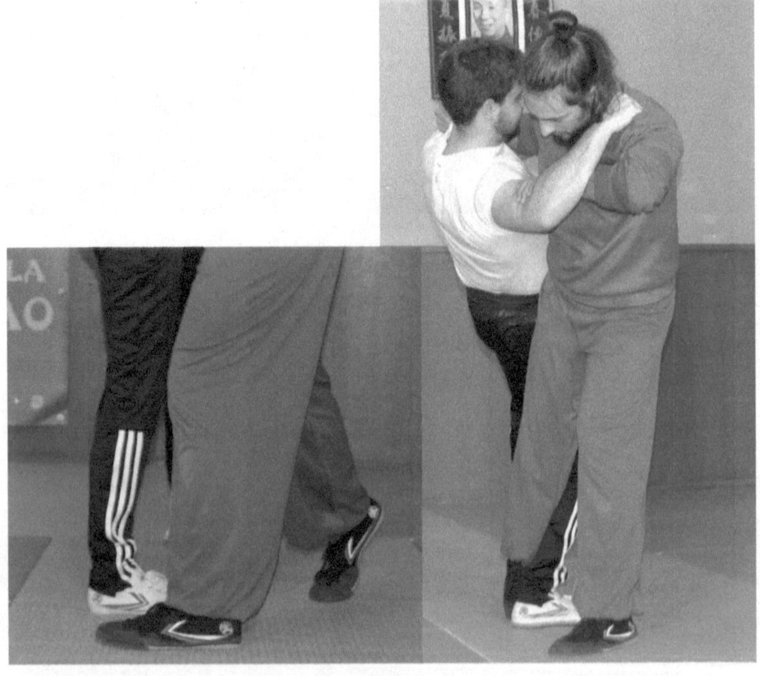

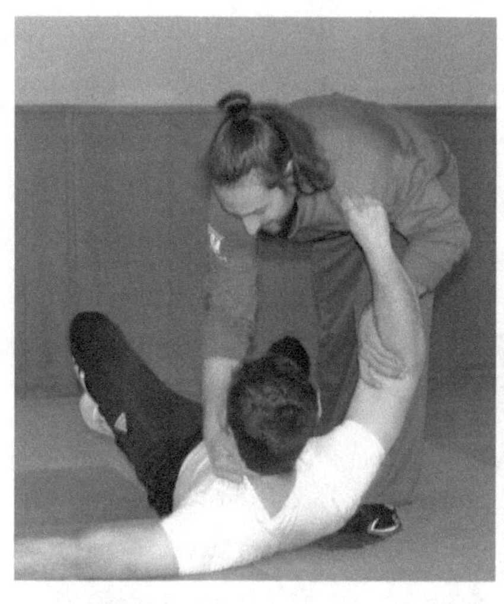

A meterá rápidamente la pierna derecha tras la pierna izquierda de *B* para hacerle una traba o zancadilla y empujarle hacia la dirección impedida hasta clavarle la espalda en el suelo.

👁 ¡OJO!

A deberá echar su peso hacia delante para que no quede este desequilibrado hacia atrás, cosa que podría aprovechar *B* para contraatacar con facilidad haciéndole la misma técnica.

Lanzamiento por encima

A sujetará el brazo derecho de *B* a la altura del codo y con su mano izquierda dará un tirón hacia delante mientras gira sobre sí mismo y hacia la izquierda.

Mientras *A* gira y tracciona, su brazo derecho hará una pinza con el bíceps sobre el tríceps de *B* (*A* debe mantener su codo por debajo de la línea del hombro para evitar que escape).

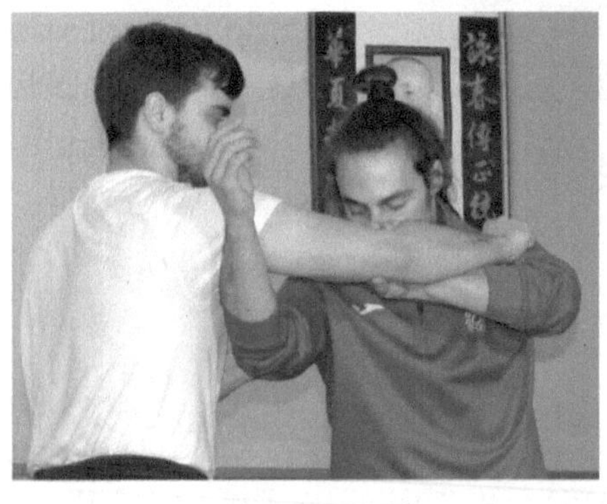

Una vez girado deberá existir pleno contacto entre la espalda de *A* y el abdomen de *B*. De este modo, el centro de gravedad de *A* por debajo del de *B*. A continuación, *A* efectuará una "sentadilla" y tirará a B hacia delante y abajo, para luego subir, lanzando al contrincante por encima suyo.

👁 ¡OJO!

En la sentadilla, *A* deberá tener el peso en la punta de los pies para no desequilibrarse hacia atrás y ser fácilmente contraatacado por *B*.

Lanzamiento de cuchara

Desde enfrente de *B*, *A* deberá sujetar el brazo derecho de *B* con los suyos y dar un fuerte tirón para que *B* dé un paso hacia delante con su pierna derecha, paso que *A* aprovechará para colocarse en el lateral de *B*, manteniendo el brazo derecho de B sujeto por la muñeca con la mano derecha, que estará a la altura de la cadera derecha de *A*.

Ahora que *A* está en el lateral de *B*, este pondrá su pierna izquierda detrás de las de B lo más profundamente posible. Al mismo tiempo *A* pasará su brazo izquierdo por delante de B (por debajo de su brazo y por delante de la ripa) hasta abrazarle el muslo izquierdo.

Una vez en esta posición, le lanzará con fuerza hacia atrás.

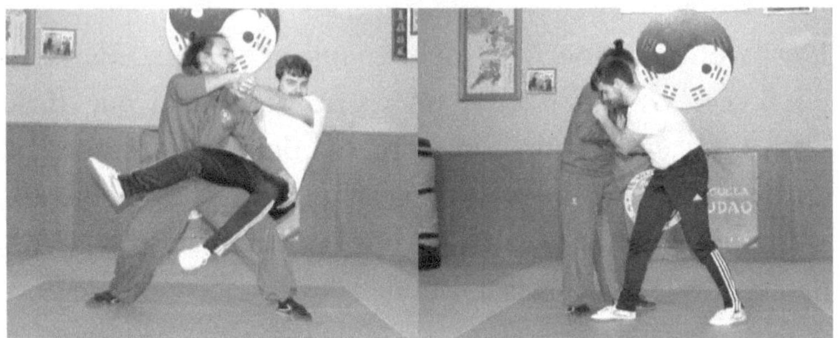

A, al lanzar a *B* deberá tener cuidado con sus piernas para que no le golpeen en la cara.

Proyección por el cuello

La mano izquierda de *A* sujeta del codo de *B* y la axila derecha su muñeca. El brazo derecho de *A* envuelve el cuello de *B* bloqueándolo. *A* sacará su pierna derecha para bloquear por delante la pierna derecha de *B* a la vez *A* que rota sobre sí mismo hacia la izquierda.

Sin soltar el agarre de su brazo y cerrando todo lo posible la presa al cuello, *A* obligará a *B* a rotar sobre *A*, arrojándole así al suelo.

B, al no poder mover la pierna derecha que *A* bloquea con la suya, se caerá, ahí *A* deberá soltar rápidamente el agarre del cuello para no caer con él.

Gran segado interior

La mano derecha de *A* en la solapa de *B*, la mano izquierda en el codo derecho de *B*. *B* estará igual que *A*, que meterá su pierna derecha entre las piernas de *B*.

A acercará a dicha pierna su pierna izquierda, y con la derecha enganchará con el gemelo la pierna izquierda de *B* por detrás, todo ello mientras con los brazos empuja a *B* hacia atrás y a la derecha, haciendo que este caiga de espaldas.

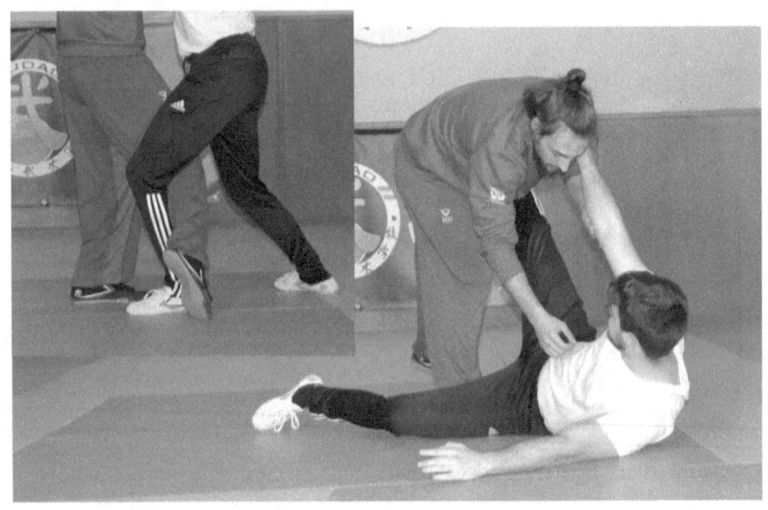

A deberá tirar hacia atrás con su pierna derecha con todas sus ganas para segar del suelo la pierna izquierda de *B*.

Clavada del cuerpo

La mano derecha de *A* agarrará del pecho de *B* y la mano izquierda de *A* agarrará de la cara interna del codo derecho de *B*.

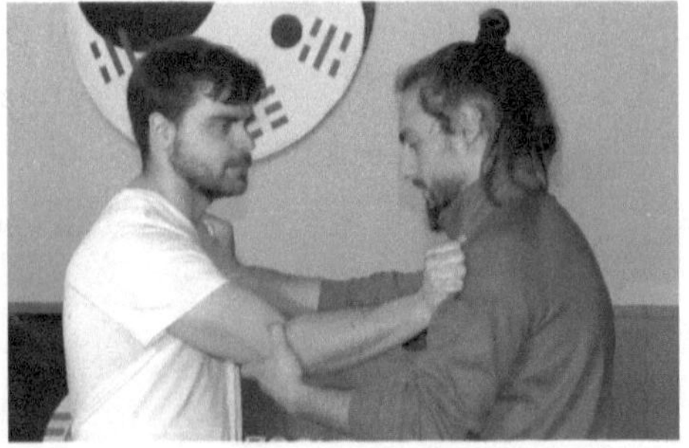

A desequilibrará a *B* hacia delante mientras da un paso en su diagonal derecha con su pierna derecha. Después dará un paso cruzado por detrás de la pierna derecha con su pierna izquierda hasta quedar los pies de *A* a la misma altura, y un poquito por delante, de los de *B*.

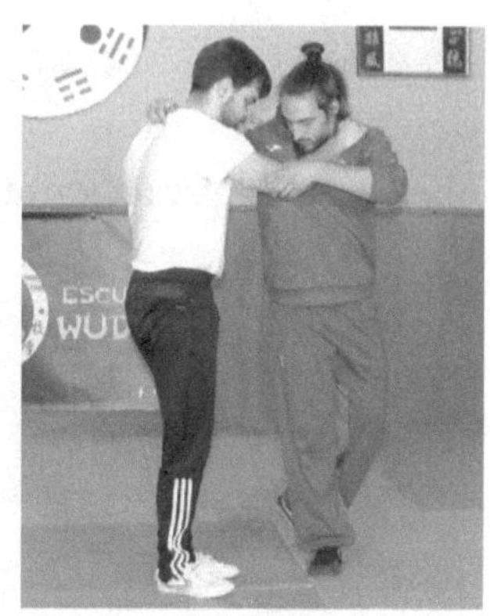

Una vez en este punto, *A* sacará el pie derecho para poner la punta de este al lado externo del pie derecho de *B*. De este modo, el gemelo de *A* bloqueará la tibia de *B*. La pierna izquierda de *A* estará flexionada con la rodilla hacia el frente. Ambas piernas estará bastante separadas entre sí.

A tirará de *B* hacia adelante y abajo estirando la pierna derecha, acabando así de bloquear la pierna de *B*. Tras elevarse *A* ligeramente, *B* caerá al suelo.

👁 ¡OJO!

A no deberá apoyar el talón de la pierna derecha mientras esté bloqueando a *B*, y dicha rodilla deberá estar apuntando hacia el suelo en el momento de la proyección para evitar lesiones.

Sueltas

En todos los agarres, el lado más débil siempre será el de los dedos, por lo que por ahí es por donde habremos de

intentar zafarnos siempre.

B coge la mano derecha de *A* con su mano izquierda; casos del 1° al 6°.

1. *A* rotará su antebrazo derecho de forma que el pulgar esté orientado hacia su hombro izquierdo para así poder dar un fuerte tirón hacia este rotando la cintura hacia la izquierda. *A* mantendrá el codo derecho en el lateral de sus costillas, subiendo el codo en esa misma diagonal si fuera necesario.

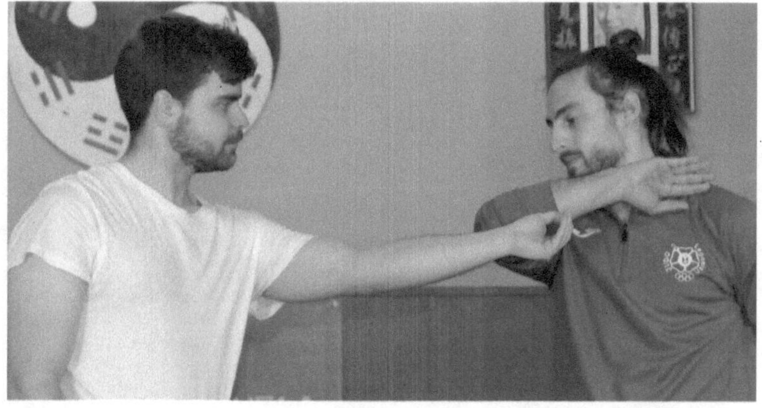

2. *A* rotará su antebrazo derecho de forma que el pulgar esté orientado hacia su hombro derecho y dará un fuerte tirón hacia este girando la muñeca hacia la derecha. Tengan cuidado al rotar la cintura y de no estar mirando directamente la palma de la mano, pues no serían los primeros en darse un autotortazo. *A* mantendrá el codo derecho en el lateral de sus costillas, subiendo este en vertical si fuera necesario.

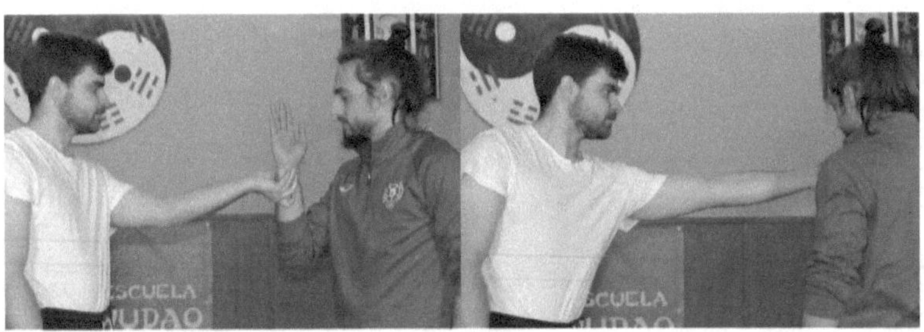

3. A rotará su antebrazo derecho de forma que el pulgar esté orientado hacia su cadera izquierda y dará un fuerte tirón hacia esta rotando la cintura. El codo derecho de *A* podrá desplazarse en la misma dirección que la mano.

4. *A* rotará su antebrazo derecho de forma que la mano esté palma abajo y el pulgar orientado hacia la izquierda. *A* dirigirá la mano hacia la cadera izquierda de *B* y dará un paso en la diagonal izquierda con la pierna izquierda.

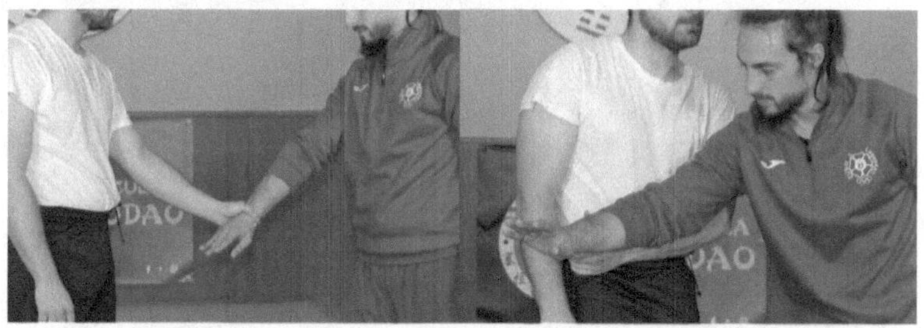

5. *A*, manteniendo en la medida de lo posible el codo pegado a sus costillas, rotará su antebrazo hacia abajo y dentro para acabar subiendo por la derecha y fuera, envolviendo y soltando la mano izquierda de *B*.

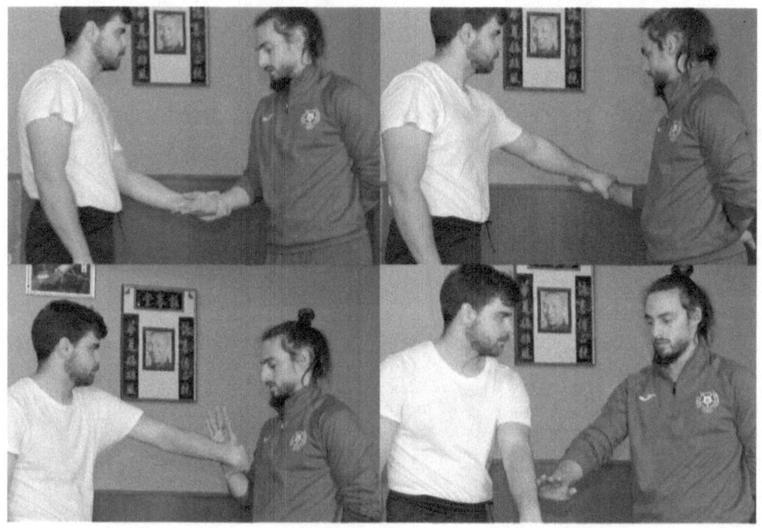

6. *A*, manteniendo en la medida de lo posible el codo pegado a sus costillas, rotará su antebrazo hacia dentro y hacia arriba y para terminar hacia abajo y por fuera, envolviendo y soltando así la mano izquierda de *B*.

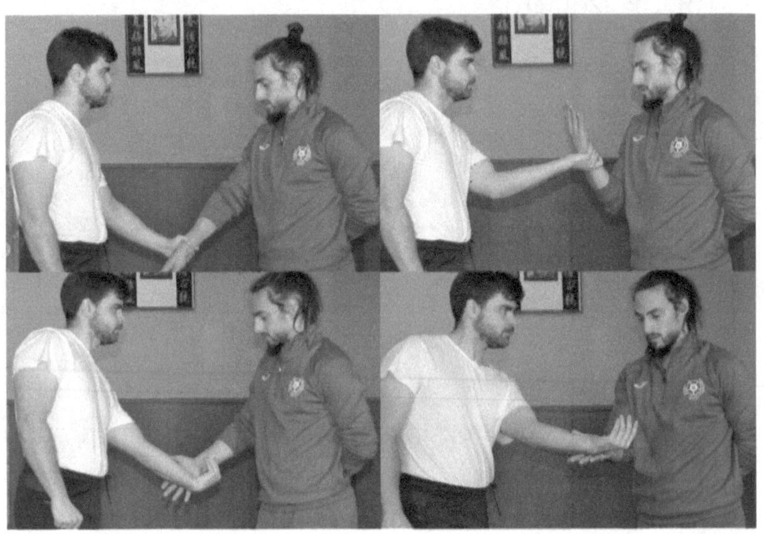

7. *B* tiene agarrado a *A* de las dos manos (cada una a la mano de enfrente).

   A rotará sus antebrazos quedando los pulgares de ambas manos orientados hacia su cadera opuesta, y dando un fuerte tirón cruzará el antebrazo derecho sobre el izquierdo de tal forma que el oponente se suelte al golpear el antebrazo del brazo derecho de *A* contra el antebrazo derecho de *B*.

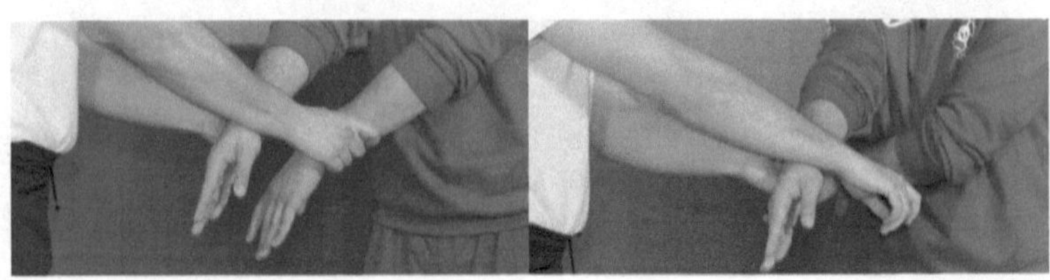

8. *B* tiene agarrado a *A* de las dos manos (cada una a la mano de enfrente).

    A levantará su antebrazo derecho rotándolo por dentro y acercará el antebrazo izquierdo a su tripa, girándolo de manera que el dorso de la mano de *B* quede hacia abajo.

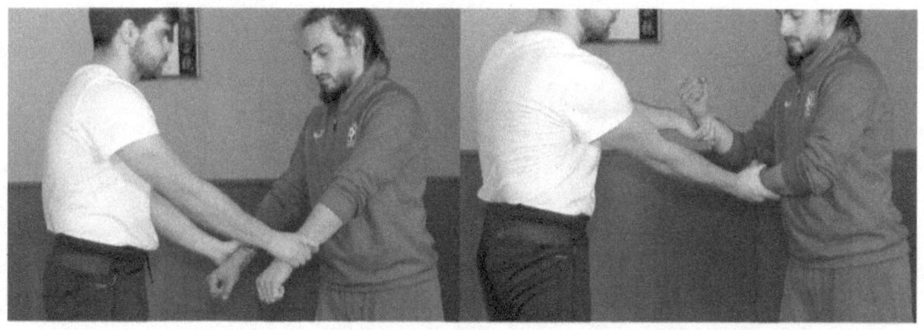

A golpeará violentamente con su puño derecho el antebrazo derecho de *B*, mientras que con su brazo izquierdo tirará hacia arriba y hacia la derecha para no golpearse la cara con su propia mano. Esta suelta no tiene por qué soltar la mano derecha de *A*.

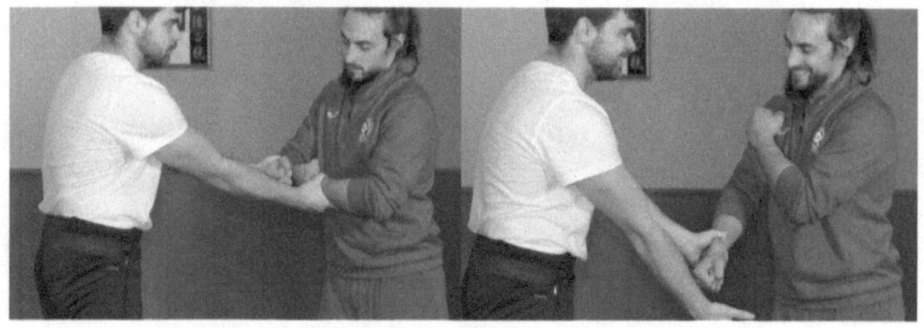

Luxaciones

Es importantísimo saber que a la hora de entrenar debemos tener extremo cuidado con nuestro compañero para no lastimarle. No obstante hemos de llegar al punto de dolor para tener la certeza de que sabemos hacer la técnica. Por ello, aunque en la realidad estas técnicas se ejecutan con fuerza violenta, con el compañero las realizaremos, si bien con firmeza, con una fuerza constante y mantenida hasta llegar a dicho punto de dolor.

Durante la explicación *A* será siempre el ejecutante de la técnica y *B* será el "ejecutado".

Luxaciones de dedos

Dedos de *B* hacia arriba

B con su brazo y mano derecha extendidos, tendrá los dedos estirados y hacia arriba, *A* se desplazará con un pasito a su izquierda y con su mano izquierda sujetará la muñeca derecha de *B* y a la vez con su mano derecha (pulgar hacia arriba) agarrará los dedos de *B* (no os preocupéis en

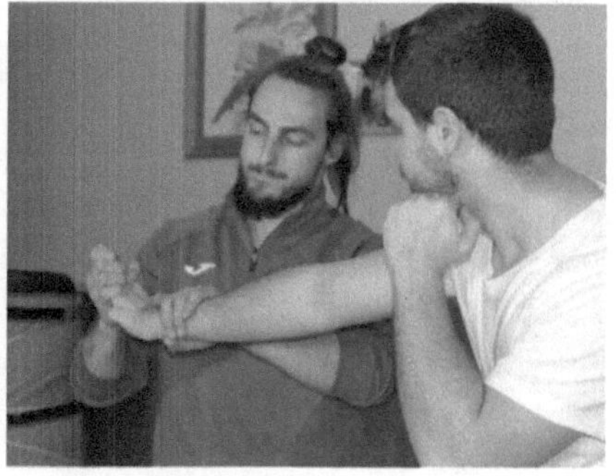

exceso por coger todos los dedos, con uno o dos es suficiente). El dorso de los dedos de *B* deberán estar sujetos con la cara interna de los dedos de *A,* y la cara interna de los dedos de *B* con la palma de *A.*

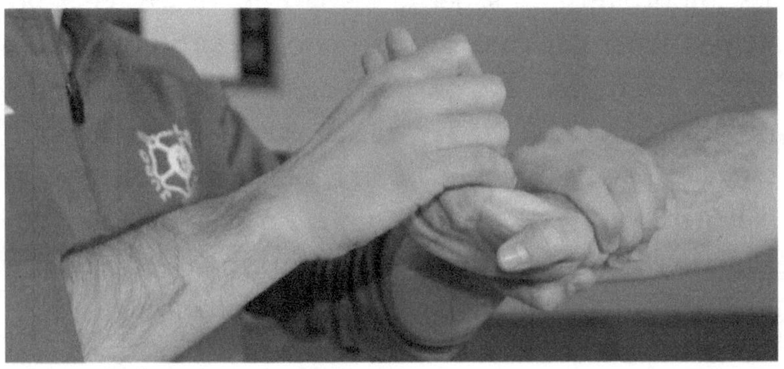

A moverá su muñeca derecha hacia abajo con la intención de que los dedos de *B* toquen su propio antebrazo

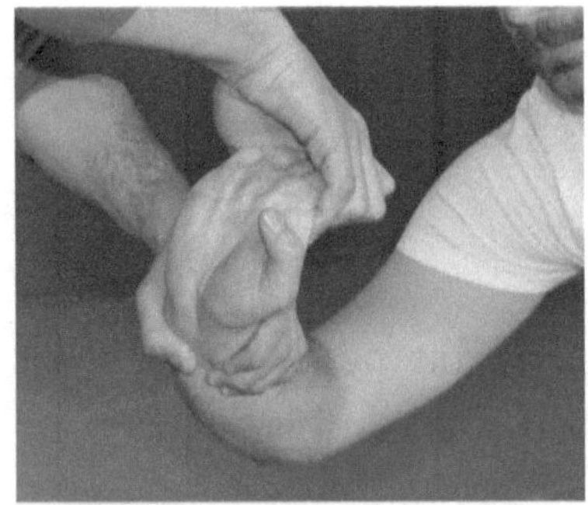

(si estas entrenado con un compañero y los dedos tocan el antebrazo, te has pasado...). Mientras, *A* apretará las falanges de los dedos atrapados entre sí. *B* se agachará de alguna manera para contrarrestar el dolor.

 ¡OJO!

La idea de esta técnica es luxar los dedos a la altura de la primera articulación.

Dedos *B* hacia abajo

Cuando *B* quiere dar un apretón de manos malintencio-
nado (con su mano derecha), entonces *A,* en vez de reac-
cionar con su acostumbrada amabilidad, decidirá atrapar
los de dos de *B* poniendo la palma de su mano en la cara
interna de los dedos de *B* y sus dedos en la posterior.
Los dedos índice y pulgar se situarán en los nudillos más
cercanos al dorso de la mano de B.

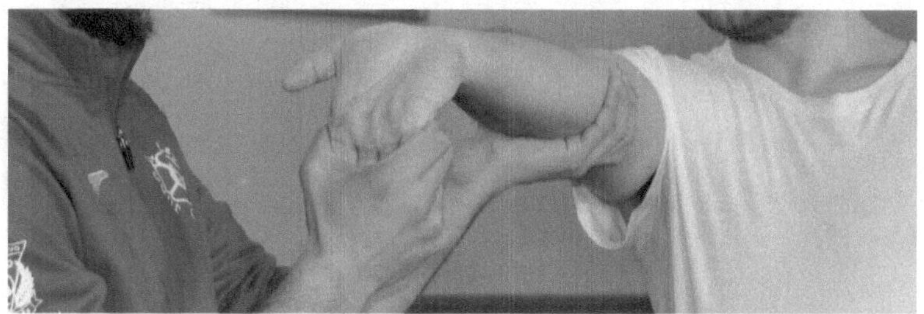

A apretará y retorcerá las falangetas de *B* y con un fuerte
tirón hacia abajo y seguidamente hacia arriba intentará
poner la punta de los dedos de *B* en antebrazo de *B* usan-
do como palanca los dedos índice y pulgar, que harán la
presión hacia el lado contrario. A su vez *A* doblará un
poco el codo de *B* para hiperextender los tendones de
los dedos.

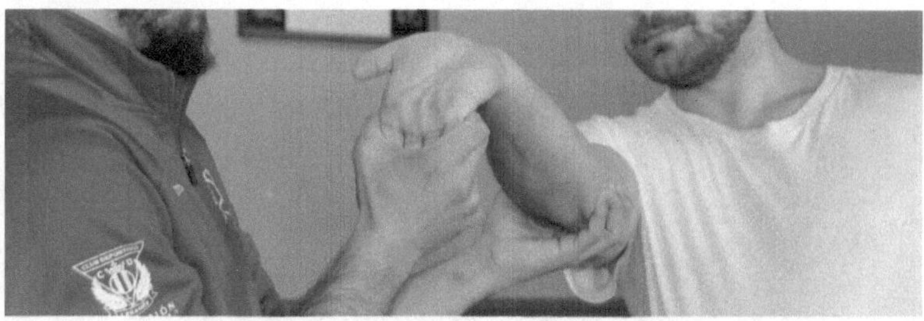

Luxación del pulgar

B tendrá el puño derecho cerrado en posición horizontal y orientado hacia arriba y A sujetará la muñeca de B con su mano izquierda. Con el talón de la mano derecha, *A* golpeará el pulgar de *B* para juntar las 1ª y 2ª falanges de *B* luxando el dedo.

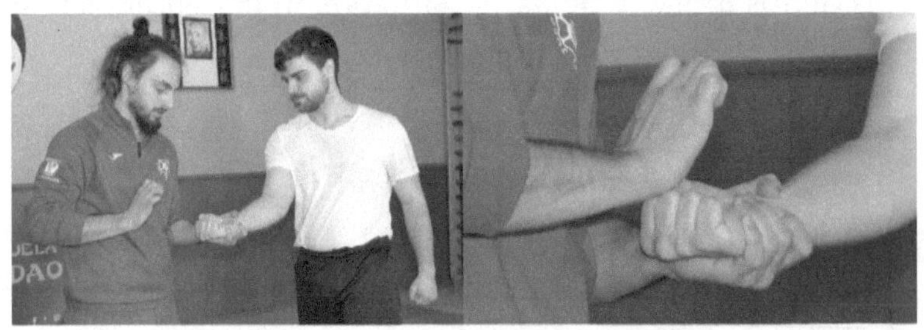

Luxación de dedo cerrado

B tendrá la mano derecha cerrada, *A* sujetará la muñeca de *B* con su mano izquierda y con el pulgar y el índice de la mano derecha apretará en forma de pinza del meñique de *B*, de modo que se cierre totalmente el espacio entre sus falanges. Al mismo tiempo *A* dará un tirón hacia la dirección en la que apunte la 2ª articulación del meñique de *B*.

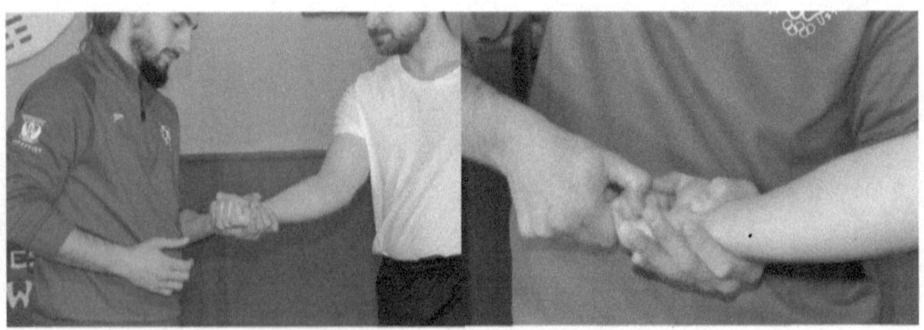

Luxaciones de muñeca

Luxación llevando el canto de la mano al cúbito

B tendrá la mano y brazo derechos extendidos de tal forma que la palma de su mano quedará orientada hacia la derecha y el meñique hacia arriba.

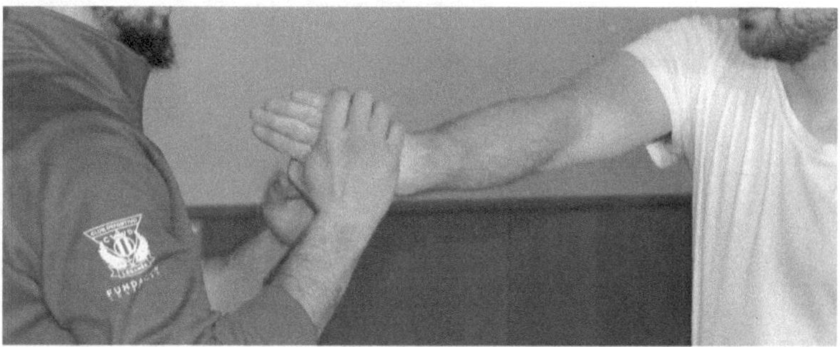

A cogerá la mano de *B* con sus dos manos, cruzándolas entre sí, y manteniendo estirado el brazo de *B*, llevará el canto externo de la mano de *B* hacia su cúbito, de manera tal que *A* únicamente girará hacia abajo sus muñecas manteniendo los codos orientados hacia abajo.

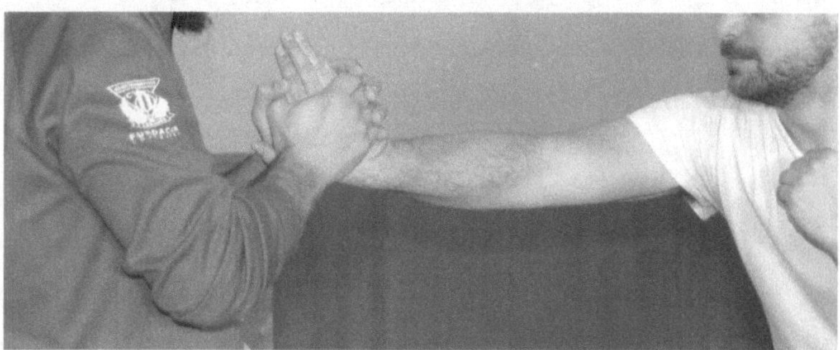

Rotación exterior de la muñeca

B tiene la palma de la mano derecha extendida y hacia arriba, *A* pondrá la palma de su mano derecha debajo de la de *B*, y con sus dedos atrapará el flexor corto del pulgar (de ahora en adelante el "muslito de pollo") y con el pulgar el nudillo del meñique.

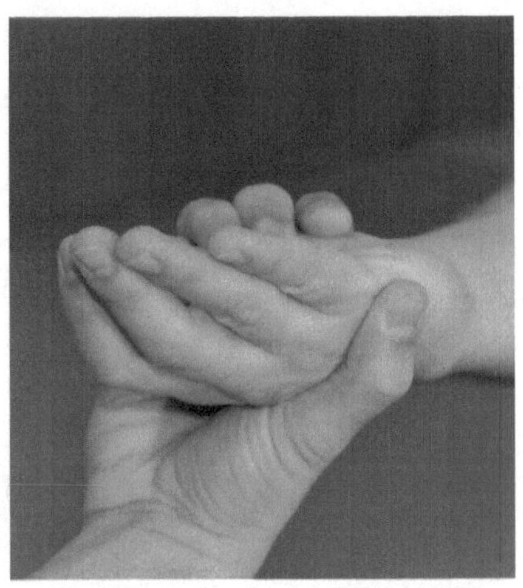

A rotará el antebrazo pasando de estar palma arriba a estar palma abajo, y a la vez que da un fuerte tirón lo llevará a la derecha de su cintura, manteniendo en un ángulo de unos 120° el brazo de *B*.

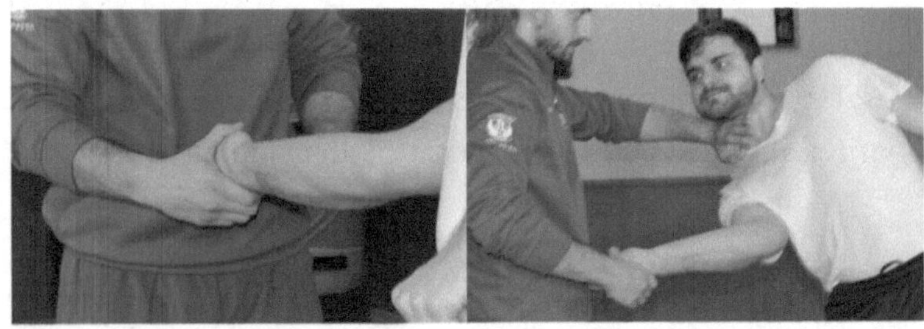

Luxación llevando la palma de la mano a la cara interna del codo

B tendrá extendido su brazo derecho con la palma orientada hacia arriba. *A,* con la palma de su mano izquierda sujetará el codo de *B*, y con la mano derecha asirá el dorso de la mano de B estrujándole los nudillos.

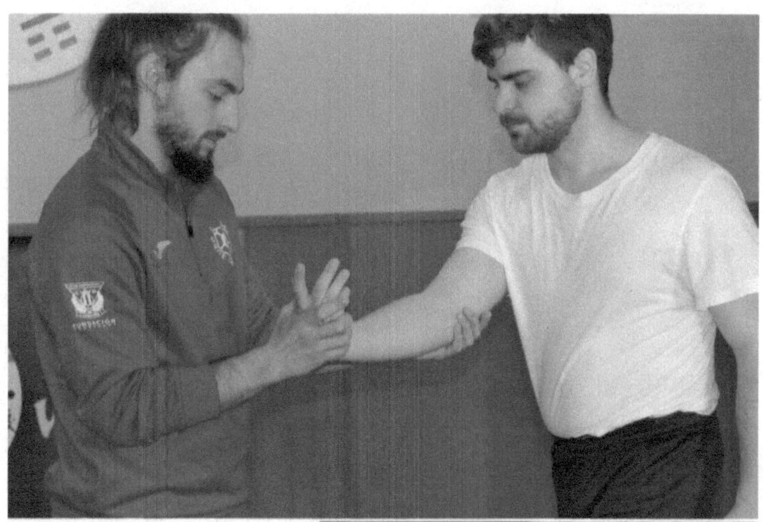

A hará una prensa con sus dos manos de modo que intentará juntar la cara interna de los nudillos de *B* con la flexura del codo de este.

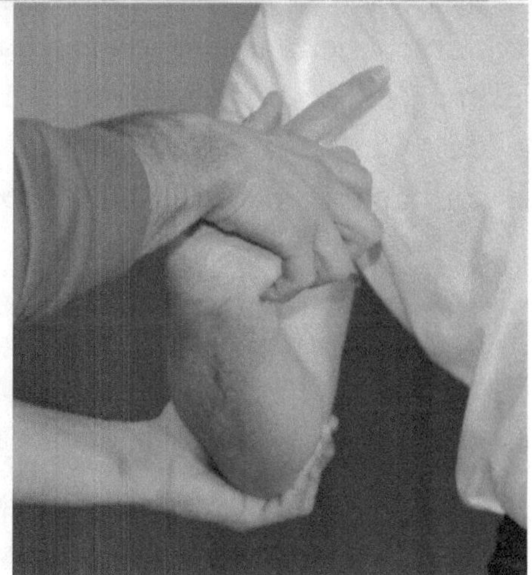

B agarra con su mano derecha la muñeca derecha de *A*, a lo que este responderá sujetando la mano derecha de *B* con su mano izquierda y ejerciendo presión en esta sobre su antebrazo derecho. *A* envolverá con su mano derecha la muñeca de *B* y al mismo tiempo tirará con fuerza de su brazo.

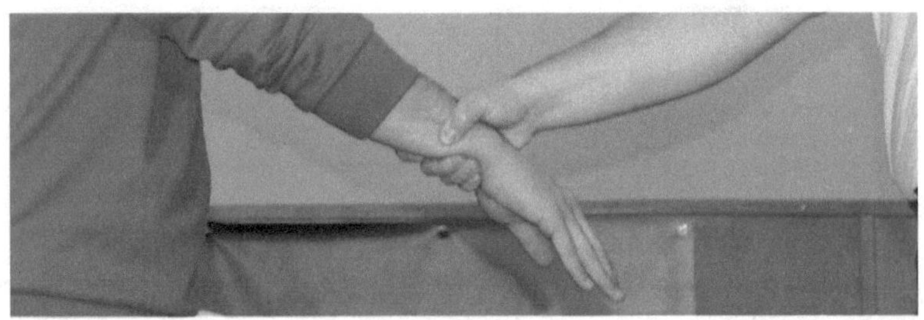

B, debido al tirón, estirará el brazo y *A*, con el canto de su mano derecha, ejercerá presión hacia abajo, hacia el borde cubital de la muñeca de *B*, y atrapará con los dedos el antebrazo derecho de *B*. el cual rotará hacia abajo y adelante, mientras que con la izquierda intentará llevar la palma de la mano derecha de *B* hacia el codo, quedando el canto de la mano derecha de *B* hacia arriba (ayudando a la separación del cúbito del resto de la mano).

A se ayudará de un fuerte zarandeo para doblar el codo derecho de *B*, formando entre los dos brazos una especie de Z. *B* cederá arrodillándose ante el dolor a modo de "reverencia".

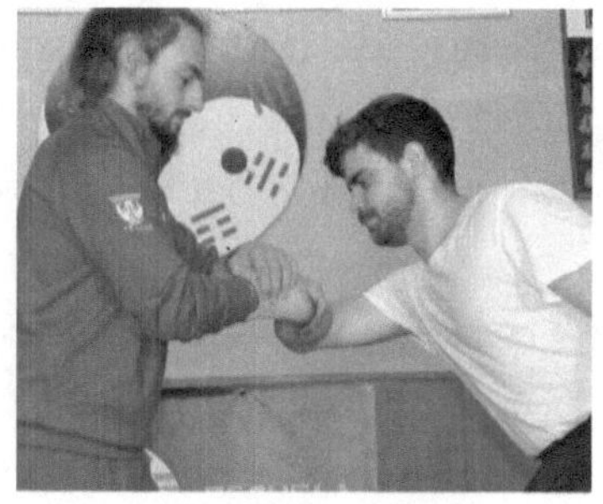

Luxaciones de codo

Luxación de codo con la axila

B agarrará la pechera de *A* con su mano derecha. *A* sujetará con las dos manos la muñeca de *B* y dará un fuerte tirón hacia abajo para soltar el agarre.

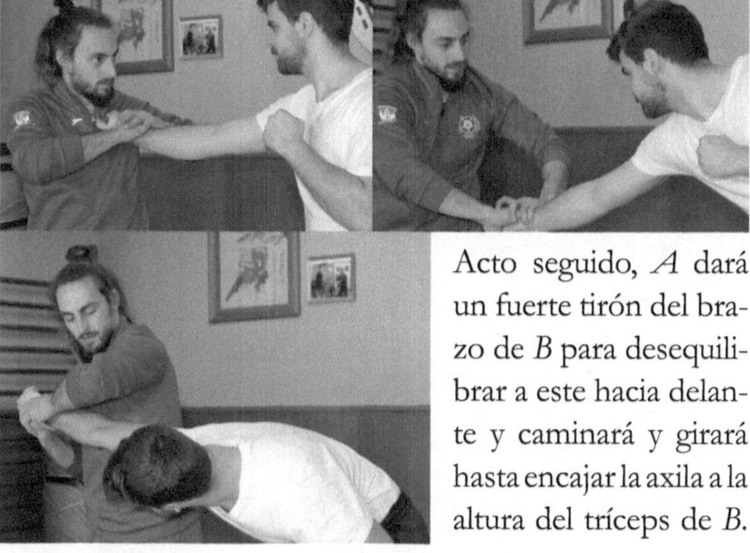

Acto seguido, *A* dará un fuerte tirón del brazo de *B* para desequilibrar a este hacia delante y caminará y girará hasta encajar la axila a la altura del tríceps de *B*.

El codo de B deberá estar mirando al techo y su pulgar hacia abajo. *A* ejercerá presión con la axila hacia abajo y con las manos hacia arriba.

B debe quedar inclinado con el brazo recto y en diagonal por encima de su cabeza y *A* quedará ladeado respecto a *B* para evitar el contraataque de este.

Luxación del codo con el hombro.

B tendrá cogida con la mano derecha la muñeca derecha de *A*. *A* agarrará la muñeca derecha de *B* con las dos manos y dará un fuerte tirón hacia delante y arriba mientras rota el antebrazo de *B* de manera que quede apuntando hacia arriba la cara interna de su brazo.

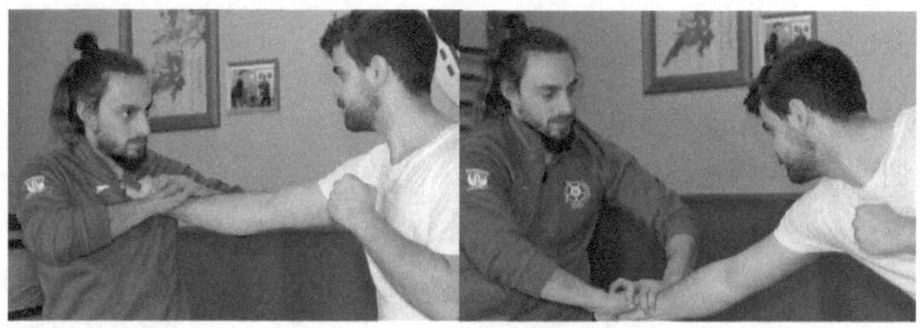

Al mismo tiempo, *A* girará sobre sí mismo para encajar su hombro izquierdo bajo el tríceps de B.

A estirará su espalda y piernas y tirará de la muñeca de *B* hacia su propio estómago, quebrado el codo de *B*.

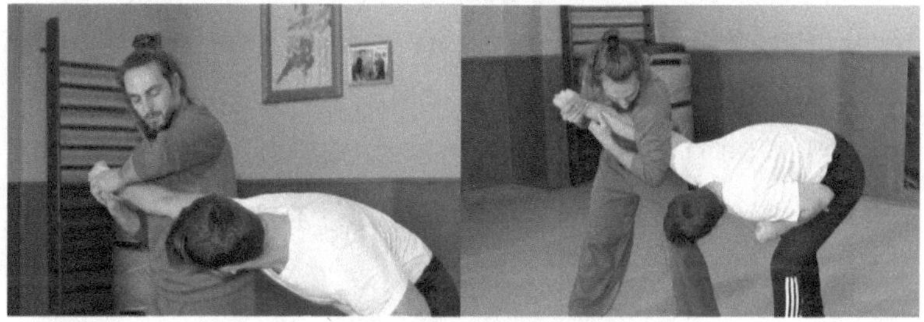

Luxación al brazo estirado.

B agarra con la mano derecha la nuca de *A*. *A* sujeta el codo de *B* de forma que la mano derecha quede tapando el codo y cuyo canto externo de la mano presione el tendón del tríceps. La otra mano habrá de ejercer presión sobre la mano derecha y rotar el brazo de *B* de forma que el codo quede apuntando hacia arriba. *A*, con el cuello bloqueará la muñeca de *B*.

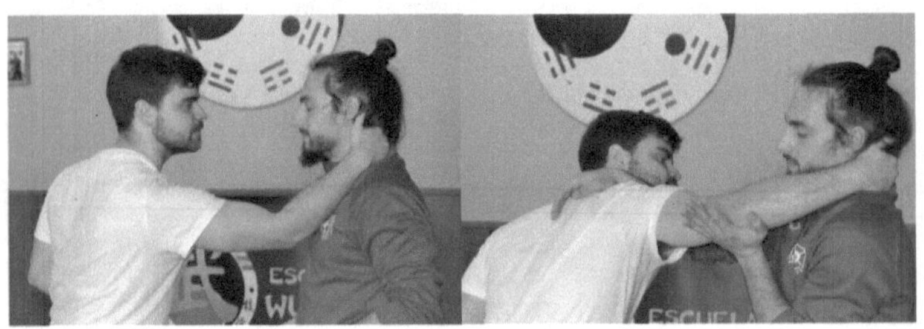

A dará un paso para estirar el brazo de *B* y ejercerá presión con el hombro hacia arriba y con las manos hacia abajo. Dicha presión se acompañará de un zarandeo lateral. Para ejercer una presión todavía mayor, *A* podrá hacer una sentadilla. *B* quedará inclinado hacia *A* con el brazo estirado. *A* enfrentará su cuerpo al de *B*.

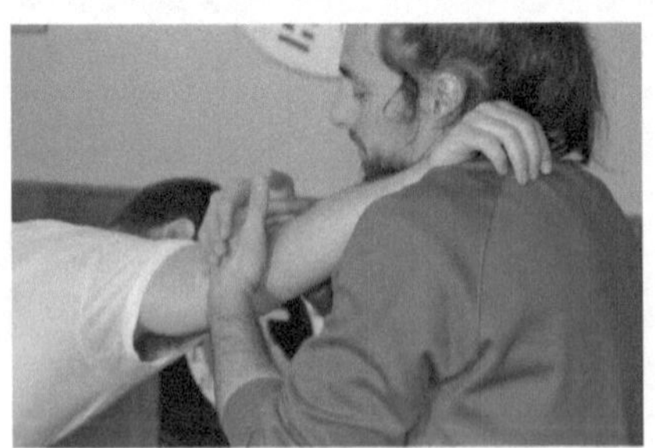

Luxación al brazo doblado.

Esta luxación está dirigida al hombro en casi todas sus variantes, pero podría realizarse también al codo.

B, con el brazo derecho estirado, tendrá agarrado a A del hombro izquierdo. A meterá su antebrazo izquierdo por debajo de la muñeca de B y al mismo tiempo pasará su antebrazo derecho por debajo del brazo de B para rodearle por fuera. Luego doblará el brazo de B con la cara interna de un antebrazo para mantenérselo a unos 90º.

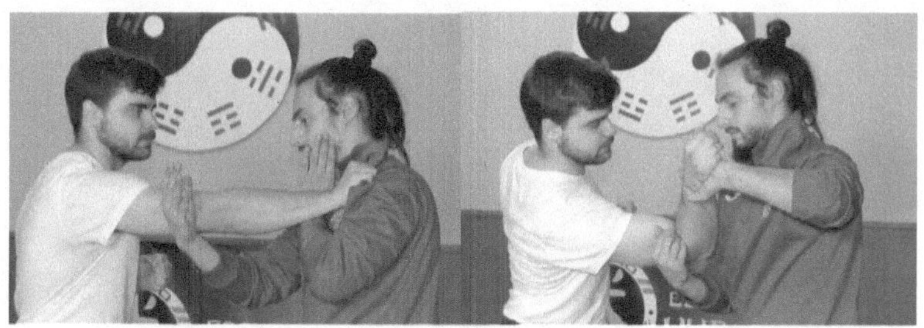

A agarrará con su mano izquierda la muñeca derecha de B y se la pasará a la mano derecha.

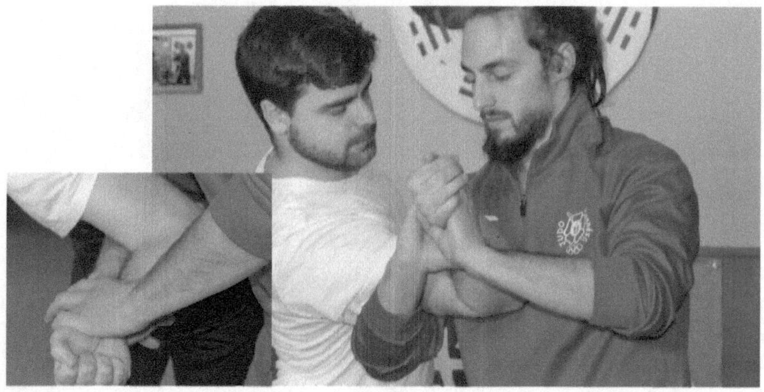

Cuando *A* tenga agarrada la muñeca de *B*, el brazo derecho de *A* se situará entre las costillas y el brazo de *B*, tocando el tríceps de B con su bíceps. Inmediatamente después de que se lleve a cabo este control, *A* llevará su mano derecha boca abajo pegada a la altura de sus costillas flotantes lo más atrás posible de un fuerte tirón, quebrando así el hombro de B.

Protocolo de actuación

Si usted me permite, le propondré un protocolo de actuación ante una situación de riesgo, que será válido, por lo general, en cualquier caso. Dicho protocolo es una recomendación, que no obligación, a tener en cuenta para que, en caso de emergencia, no se quede en blanco y pueda actuar antes de que sea demasiado tarde.

Tome por máxima que lo mejor será siempre evitar el conflicto en la medida de lo posible. Por ejemplo, en el caso de un atraco deles lo que pidan y recuerde que no suele merecer la pena jugarse la vida por un móvil o por treinta euros guarros. Pero a veces el conflicto es inevitable, así que, al tema.

Debemos hacer un reconocimiento del terreno en el que nos encontramos. ¿Es un sitio abierto o cerrado? ¿Cuántas salidas tiene? ¿Es ancho o estrecho?¿ Hay mobiliario urbano o cualquier objeto susceptible de poder usarse como arma?

También es bueno saber cuántas personas se encuentran allí en ese momento y pararse a valorar si pueden ayudarte, si pasarán de ti, o si en el peor de los casos se pondrán en tu contra. ¿Voy a enfrentarme a una sola persona o a varios? ¿Hay cerca algún agente de la autoridad que me pueda socorrer?

Las condiciones antes indicadas también varían según la hora y el clima, ya que estos pueden afectar a la visibilidad o a las condiciones del terreno. ¿Será buena idea meterse en ese callejón, desde el que se oyen unas cadenas chascando en la noche? ¡Está muy nublado, seguro que quieto no me verán los malos!,¡Tengo una idea excelsa, lucharé con el Sol en los ojos!

El número de agresores ¿Uno?, ¿dos?, ¿toda una tropa? ¿Los villanos van armados?, descúbralo rápido porque es bastante importante.

Todas estas circunstancias deben valorarse si se diera una situación desagradable, y cada una de estas es un agravante a tener en cuenta. Por ejemplo: estar uno solo en un lodazal contra dos agresores armados en medio del monte, en una lluviosa noche cerrada, no tiene nada que ver con que un borracho que se está cayendo solo al medio día en una abarrotada plaza increpe a tres amigos. La respuesta debería ser totalmente diferente en cada caso. Usted debe adaptar la respuesta física a cada agresión correspondiente

Una vez tenidas en cuenta las circunstancias anteriores tienda, en la medida de lo posible a actuar de esta manera:

- Prever y evitar el problema. Imagine un callejón con diez navajeros. ¡No se meta!

- Si el problema le persigue, trate de eludirlo. Recuerde: "No preste atención a la increpación".

- Ante la imposibilidad de eludirlo, intente resolverlo con palabras de la manera más calmada posible. Mantenga, no obstante, una distancia de seguridad, evite que le flanqueen y que se sitúen tras su espalda, es más, cúbrala si fuera posible poniéndose contra una pared (siempre dejando espacio de maniobra).

- Puede que sea buen momento para pedir auxilio, quizá no tanto por la ayuda en si, como por el hecho de que al hacer ruido los maleantes se sientan incómodos y decidan alejarse o se despiste, lo cual nos lleva al siguiente punto.

- Pues nada, a huir se ha dicho, pero asegúrese de que dicha huida sea posible. Acuérdese del terreno: si hay salida, si está rodeado…….

¡Nada, que no hay manera, que van a llover golpes se ha dicho! Esta es, por supuesto, la última opción y la menos recomendable, ya que por mucha preparación que se tenga, nadie puede asegurarnos nada. ¿Nuestro oponente será un patoso?, ¿será un agente del KGB? ¡Qué intriga!

Combinaciones

Debe tenerse muy en cuenta que esto es solo un libro y que no cubre la infinidad de situaciones posibles que puedan llegar a darse en la vida real. Se han combinado algunas de las técnicas antes vistas, y alguna otra, de la manera más fácil y efectiva que me ha sido posible, teniendo en cuenta que tanto el atacante como el defensor han sido tomados por neófitos, por lo que los practicantes de artes marciales tendrán otras opciones en su repertorio iguales o incluso más válidas.

Sueltas de muñecas con contraataque

1ª

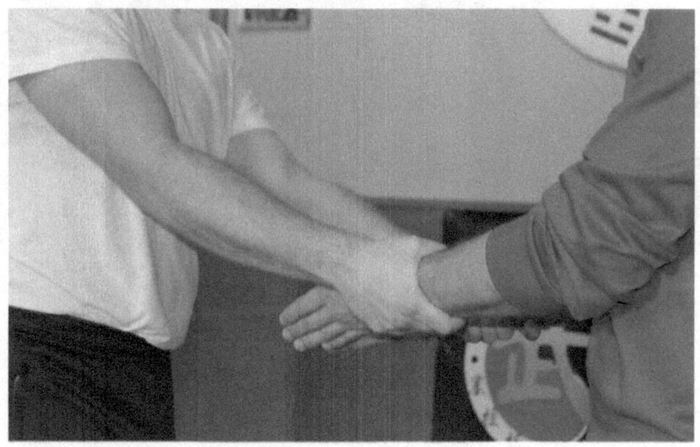

B tendrá las dos manos de *A* agarradas.

En esta ocasión, para zafarse, *A* rotará cada una de sus manos hacia dentro y hacia arriba, de tal forma que nues-

tros pulgares sujetarán los "muslitos de pollo" de las manos de *B* y el resto de los dedos agarrarán el canto externo de la manos.

Desde el momento en que las manos de *B* estén atrapadas, *A* las retorcerá en el mismo sentido de giro que tenía antes y mantendrá la presión en las muñecas de *B* manteniendo estirados los brazos de este.

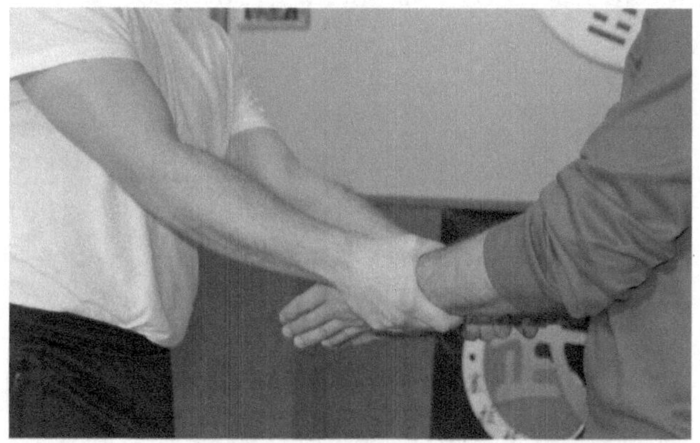

B tendrá las dos manos de *A* agarradas.

A rotará sus manos de forma que queden palma con palma, orientando las de *B* hacia arriba.

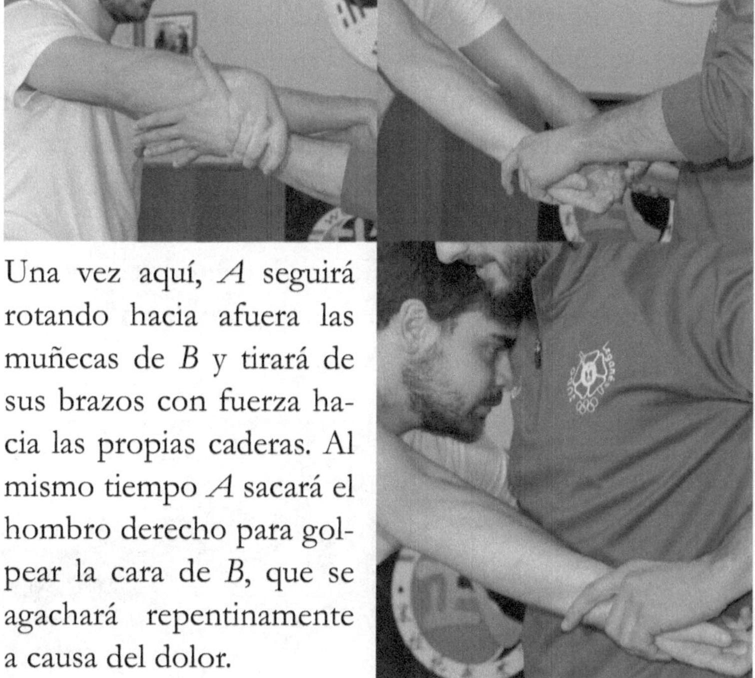

Una vez aquí, *A* seguirá rotando hacia afuera las muñecas de *B* y tirará de sus brazos con fuerza hacia las propias caderas. Al mismo tiempo *A* sacará el hombro derecho para golpear la cara de *B*, que se agachará repentinamente a causa del dolor.

3ª

En esta aplicaremos a la suelta la **rotación exterior de muñeca.**

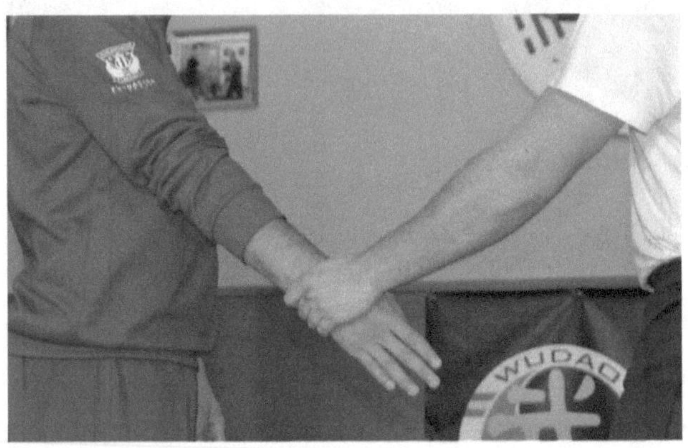

B agarrará la muñeca derecha de *A* con su mano izquierda.

A rotará su antebrazo derecho hacia dentro y arriba, como si se mirara la palma de la mano, mientras que con su mano izquierda sujetará la mano izquierda de *B* por debajo, quedando la palma de la mano izquierda de *A* bajo del dorso de la mano izquierda de *B*. Para ello sujetará con los dedos el "muslito de pollo" de *B,* y con el pulgar su nudillo del meñique. Ni que decir tiene que todo ello estará acompañado de una patadita en la rodilla de *B* para que este no afloje el agarre.

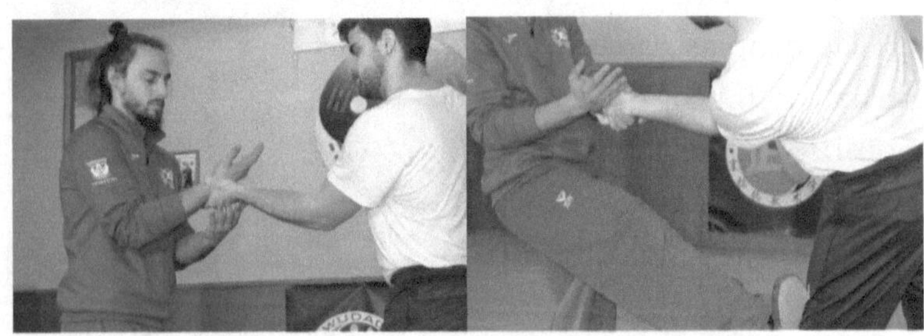

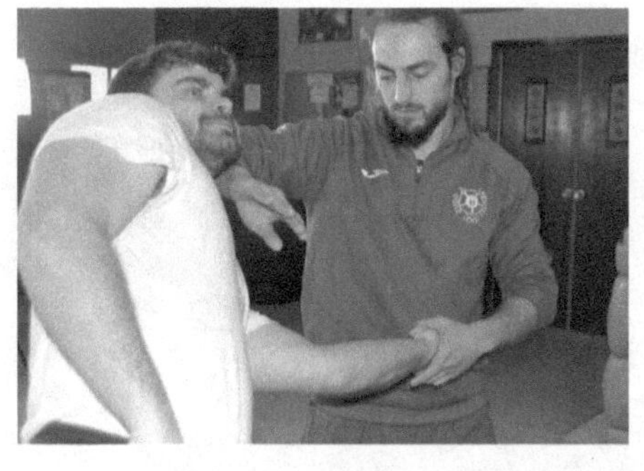

Acto seguido, *A* rotará su antebrazo izquierdo hacia adentro y llevará su mano, sujetando la mano de *B*, a su cadera izquierda. La mano derecha de *A*, ahora liberada, pasará a golpear la mandíbula o cuello de *B*, y no solo por el hecho de golpear, que siempre gusta, si no para mantener en un ángulo de unos 120º el brazo de B.

4ª

A, que es un poco suyo, lleva el antebrazo izquierdo en vertical, mano hacia el cielo, codo hacia el suelo. *B*, que a estas alturas ha quedado claro que es un broncas, agarra la mano izquierda de *A* con su mano derecha pulgar hacia arriba.

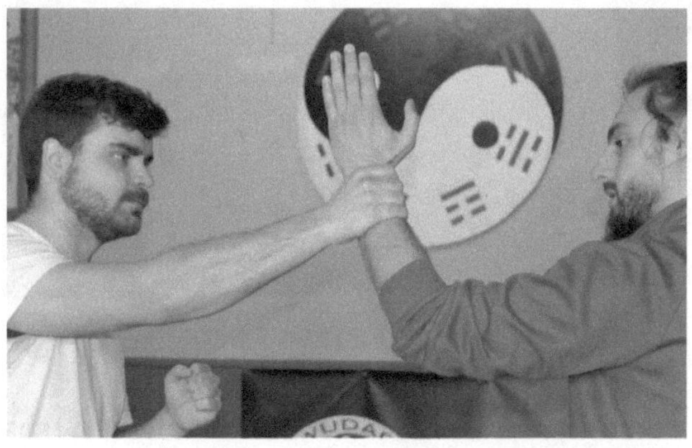

A, con su brazo derecho quita y agarra
el brazo derecho de *B*.

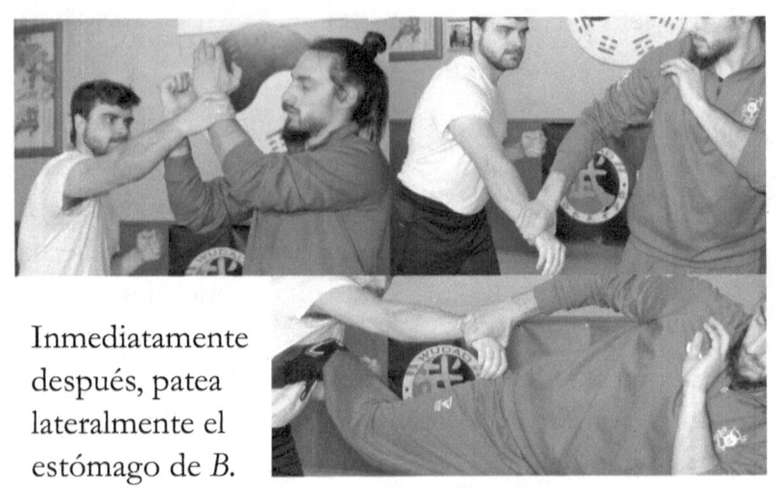

Inmediatamente después, patea lateralmente el estómago de *B*.

5°

Para esta combinación se usará la **luxación de muñeca en z** .

B agarra con su mano derecha la
muñeca derecha de *A*.

A lo que *A* responderá sujetando la mano derecha de *B* con su mano izquierda y ejerciendo presión en esta con su antebrazo derecho. Mientras, envolverá con su mano derecha la muñeca de *B*, y,al mismo tiempo, dará un tirón sal brazo de *B* y le pegará una patada circular con su pierna izquierda al muslo derecho.

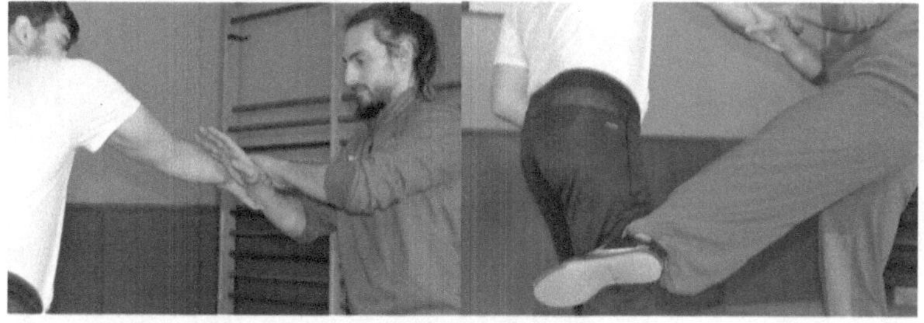

B estirará el brazo y *A,* con el canto de su mano derecha, ejercerá presión hacia abajo (para abrir la muñeca de *B* por el lado del cúbito) y atrapará con los dedos el antebrazo derecho de *B* y lo rotará hacia abajo y delante, mientras que con la izquierda presionará el canto de la mano derecha de *B* hacia arriba (ayudando a la separación del cúbito del resto de la mano).*A* se ayudará de un fuerte zarandeo, y con el codo izquierdo golpeara la cara interna del codo derecho de *B* para doblarlo formando la Z.

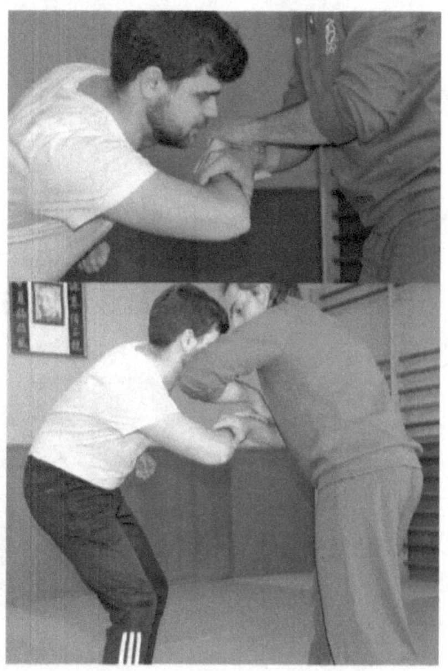

A, ante la "reverencia" de *B*, aprovechará para dale un codazo en la cara con el brazo derecho.

Contra puños y contra intentos de agarres

1ª

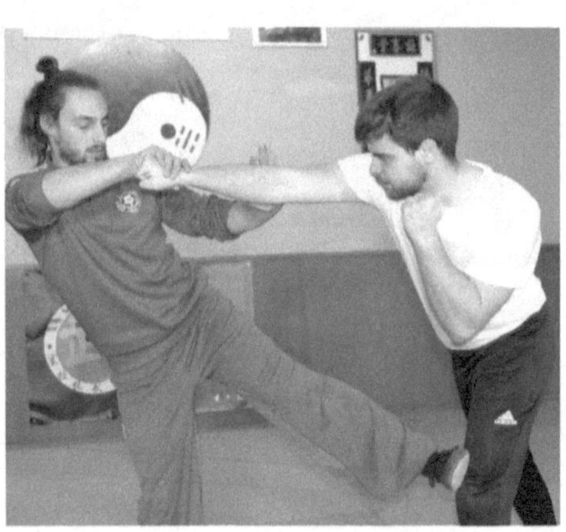

B lanza un puño recto a la cara de *A*. *A* avanza hacia su diagonal izquierda apartando con su antebrazo derecho el puñetazo y atrapa la muñeca de *B*, bloqueando a su vez el codo de *B* con la mano izquierda. Seguidamente, dará un tirón hacia el frente de *B* para desequilibrarle y asestarle una patada lateral en la rodilla izquierda.

Acto seguido, aprovechando el desequilibrio de *B*, *A* llevará su propia mano derecha a su cadera derecha para estirar y bloquear el codo de *B,* mientras que con la izquierda empujará sin compasión un poquito por encima del codo de *B* para luxarle el brazo.

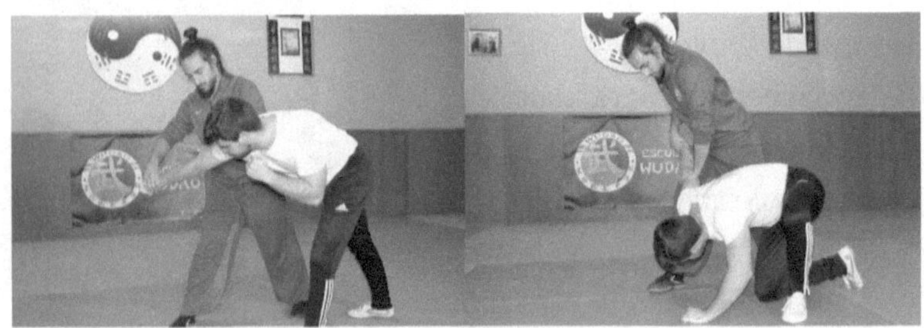

Aquí se combinarán **clavada del cuerpo** y una variante de **rotación de la muñeca.**

B extiende la mano derecha con la palma al frente hacia *A*. *A*, velozmente, intuye las aviesas intenciones de *B*, por lo que dando un paso en diagonal hacia delante y a su izquierda y rotando su cuerpo a la derecha, coloca su mano izquier-  da con los dedos en el "muslito de pollo" de la mano derecha de *B*. Colocará el pulgar en el centro de la mano y los dedos de la mano derecha en el centro de la palma.

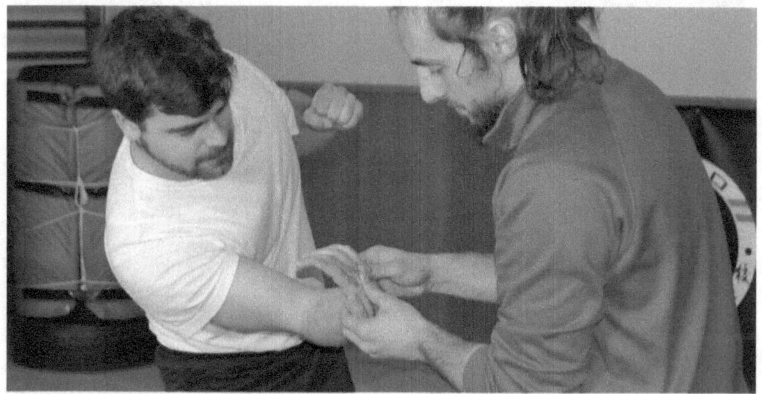

A dará un paso cruzado por detrás con su pierna izquierda por detrás de la pierna derecha y rotará su cuerpo a la izquierda mientras lleva la muñeca de *B* a su ombligo retorciéndola buscando la luxación.

Por último, *A*, al rotar pondrá su pie derecho trabando el pie derecho de *B* para evitar que se escape de la luxación de muñeca y le lanzará por los aires, quebrándole la muñeca y estampándole en el suelo.

3ª

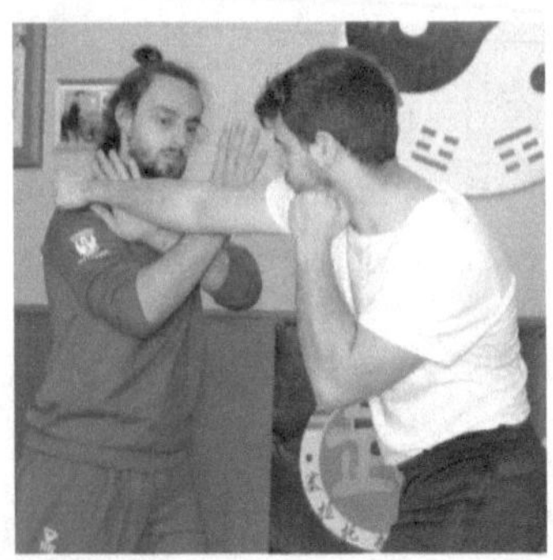

B lanza el brazo para golpear o atrapar el pecho de *A*. *A* esquivará dando un paso hacia delante y a su izquierda y pondrá su mano izquierda en el codo de *B* impidiéndole usarlo. Con la mano izquierda cubrirá su cara.

A pasará el brazo derecho por debajo del brazo de *B* para golpear con el talón de la mano en la nariz de este.

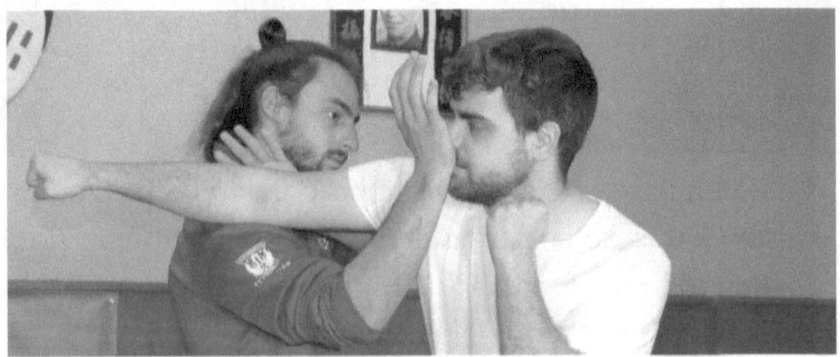

A realizará "gran segado exterior" manteniendo sujeto el codo de *B*, mientras que con su mano derecha sujetará su cara por la nariz arrastrándola hacia arriba y atrás, llevando la cabeza de *B* hacia el suelo derribándole.

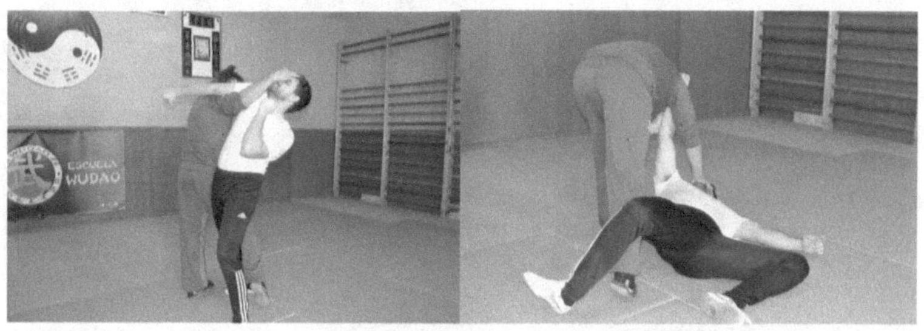

4ª

B pretende agarrar frontalmente a *A* con las dos manos, dando un paso hacia delante con la pierna derecha. Para evitarlo, *A* junta los brazos cubriéndose la cara y los mete por dentro de los brazos de *B* para, instantáneamente, golpear los antebrazos de este con la cara interna de los suyos (con el cúbito), al mismo tiempo que propina una patada en la rodilla de la pierna derecha de B con su pierna izquierda.

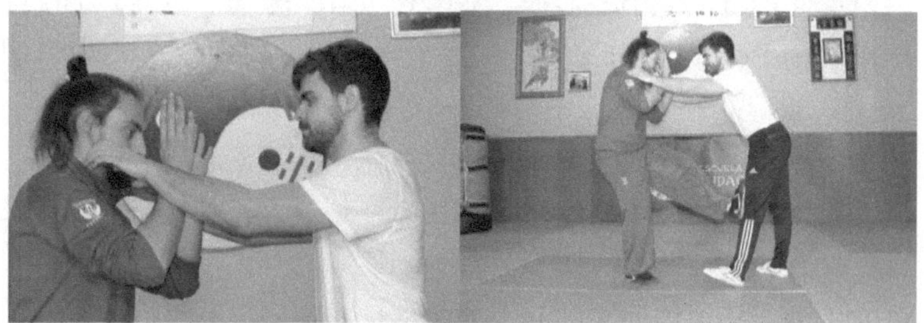

Por último, dará un paso con cualquiera de sus piernas, metiéndola entre las de *B* para dar un fuerte empujón en el pecho de este desasiéndose de él.

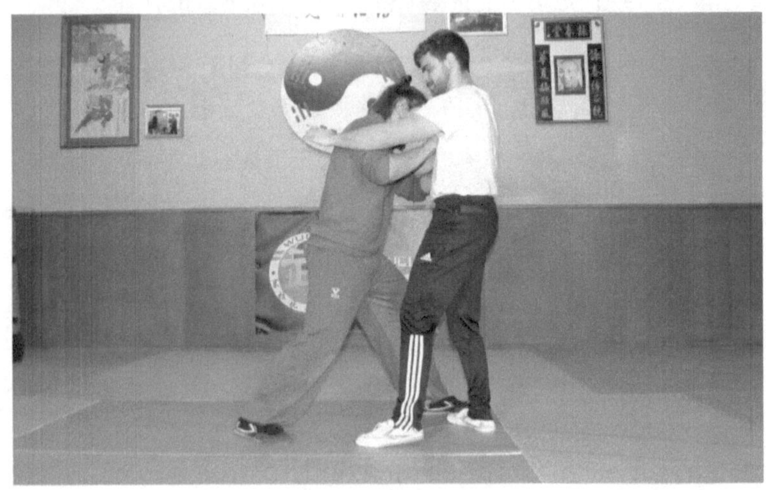

Abrazo frontal

1ª

B abraza frontalmente a *A* dejándole los brazos libres. *A,* para evitar cabezazos, pegará su cara al pecho con la intención de cubrirla.

A golpeará a *B* en los oídos con las paramas de sus manos abiertas con todas sus ganas. Tened cuidado al practicarlo con el compañero porque le podéis reventar los tímpanos.

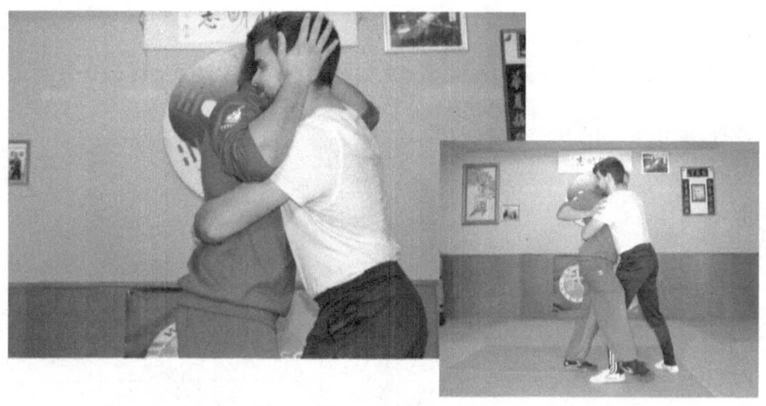

Aprovechando que el dolor de *B* es insufrible, y que seguramente haya aflojado el abrazo, *A* colocará su pierna derecha detrás de la pierna izquierda de *B* con la intención de hacerle la zancadilla.

Acto seguido le dará un fuerte empujón hacia la dirección de la pierna trabada, tirando a *B* al suelo.

Para esta combinación se realizará **proyección en cuchara.**

B tendrá atrapado frontalmente, brazos incluidos, a *A*.

A abombará la espalda y dará un rodillazo en los genitales a *B*.

Acto seguido, *A* se colocará en el lado derecho de *B*, metiendo su pierna derecha tras las piernas de *B* para empujarle hacia atrás tirándole al suelo.

Agarre al cuello

1ª

B agarra con las dos manos a *A* del cuello con las piernas paralelas y abiertas. *A* sujetará las manos o antebrazos de *B* para no ahogarse pero, efectivamente, *A* le soltará un buen patadón en los......

2ª

B tendrá agarrado del cuello con las dos manos a *A*. Este, para evitar ser estrangulado agarrará por encima de sus antebrazos los dedos pulgares de *B* y los retorcerá hacia afuera y hacia abajo mientras le pega una patada en la rodilla derecha con su pierna izquierda *A* deberá apartar su cara hacia el lado izquierdo si no quiere recibir el cabezazo que le propinará *B* al inclinarse violentamente por el dolor.

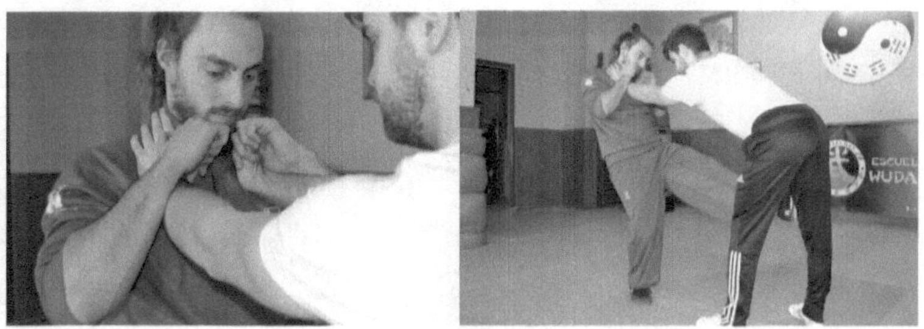

Cuando *B* se doble hacia abajo, *A* le golpeará en el rostro con el codo.

Agarre al pecho

1ª

Cuando *B* con su mano izquierda agarra a *A* del pecho. *A* aprovecha ese instante para, con su mano izquierda, presionar la mano de *B* contra su pecho. Si es preciso puede ayudarse de la otra mano. Después dará un pequeño paso hacia atrás con la pierna izquierda con el fin de estirar el brazo de *B*.

Mientras *A* mantiene firmemente sujeta la mano de *B*, levantará el brazo derecho desde atrás.

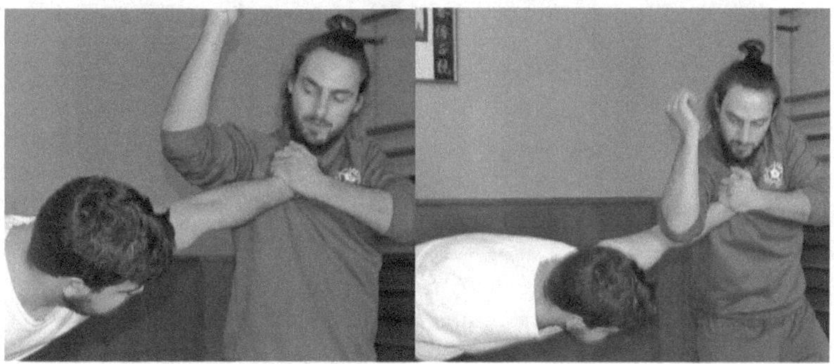

En este instante *A*, girará con rapidez el cuerpo a la izquierda y encajará la muñeca de *B* bajo su axila derecha mientras presiona hacia abajo. Importante: para ejercer presión hacia abajo doblar las piernas, no la espalda.

B, inevitablemente se acuclillará o agachará de alguna manera. *A* no deberá soltar la mano izquierda de *B* bajo ningún concepto durante la ejecución de la técnica. Una vez inclinado *B*, *A* le dará un puñetazo de látigo en la cara.

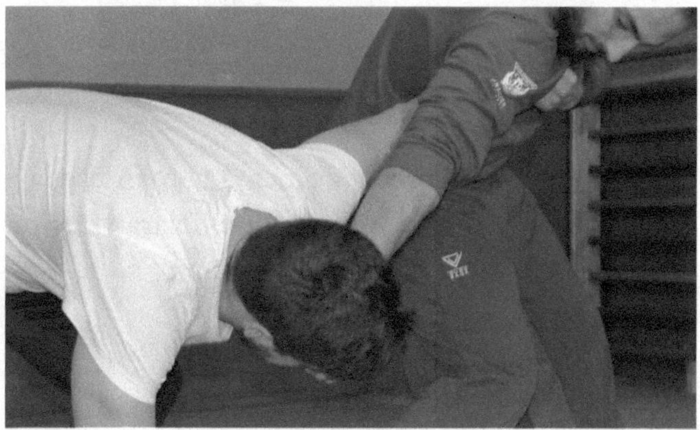

B agarrará el pecho de A con el brazo derecho semiflexionado y amenazará a A con el puño cerrado. A dará un paso adelante con su pierna derecha, y con una fuerte rotación de su antebrazo derecho hundirá hacia sí el codo de B y levantará violentamente el codo derecho hacia su rostro.

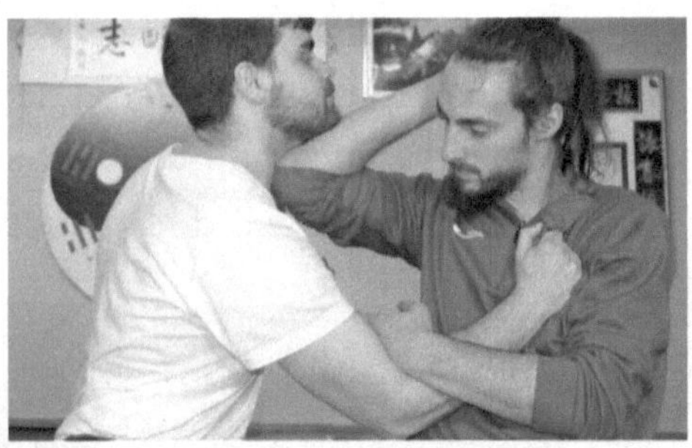

A al bajar su mano derecha, golpeará la mandíbula derecha de B y aprovechará el hueco que dejarán sus manos al caer para empujarle con gran fuerza.

1ª

B atrapa el brazo derecho de *A* (independiente-mente de con que mano le atrape) y tirará de él. Este reaccionará abriendo y bajando las piernas.

A al menor síntoma de estabilización, acercará su pierna izquierda a la derecha y con esta última pateará la rodilla adelantada de *B*, mientras que con la otra mano tirará hacia sí mismo para zafarse.

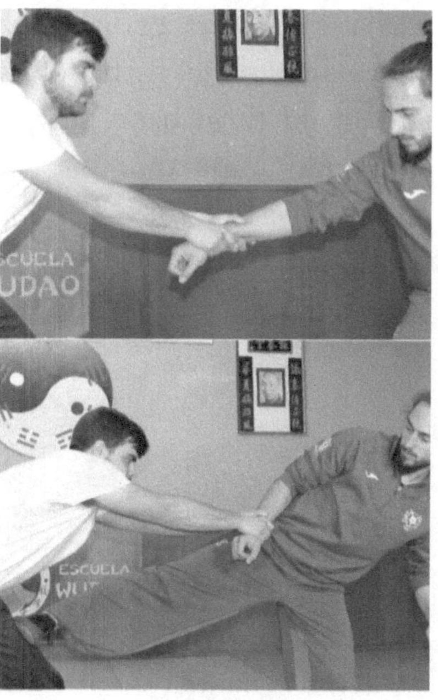

Se ejecutará una variante de **luxación llevando el canto de la mano al cúbito**.

A y *B* andarán en paralelo, *A* a la izquierda y *B* a la derecha. *B* agarrará a con su mano izquierda la muñeca derecha de *A* de tal forma que quede su pulgar hacia abajo y dará un tirón hacia sí, acción tras la cual *A* resistirá doblando un poco las piernas y tirando hacia atrás.

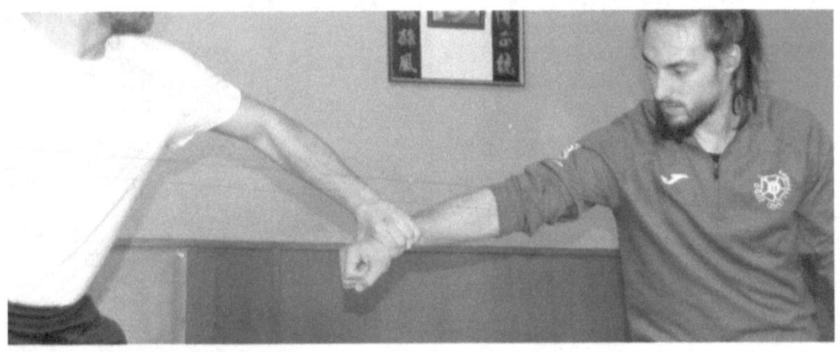

A, con su mano izquierda, sujetará presionando la mano izquierda de *B* contra su antebrazo (el antebrazo derecho de *A*), de manera que la palma izquierda de *A* cubra el dorso de la mano izquierda de *B*. Una vez que *A* haya conseguido guardar equilibrio y sujetar con firmeza la mano de *B*, le propinará con su pierna derecha una patada lateral en la rodilla izquierda.

Inmediatamente después de pegar la patada, *A* recogerá su pierna derecha y mantendrá estirado el brazo de *B*. Mientras tanto, propinará un codazo hacia abajo, envolviendo así el borde cubital del brazo izquierdo de *B* o por encima de su antebrazo. En cualquier caso ejercerá presión en la muñeca atrapada hacia dicha dirección, al mismo tiempo que la mano izquierda llevará el canto de la mano de *B* hacia el antebrazo de este. Para ejercer más presión, *A* se agachará flexionando súbitamente las piernas sin doblar la espalda.

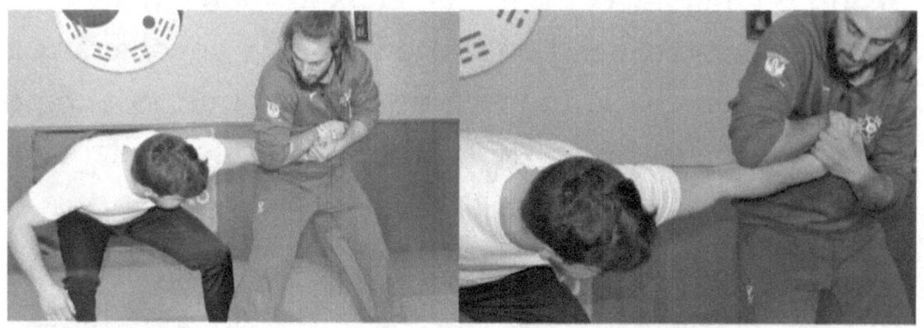

Una vez rota la muñeca izquierda de *B*, *A* podrá golpear con el codo la cara de su oponente.

Se realizará para esta situación la **luxación de muñeca en z.**

B estará enfrentado al flanco derecho de A y le agarrará la mano derecha con su diestra.

A sujetará la mano de B con su mano izquierda apretándola contra su antebrazo y tirará fuertemente de su brazo mientras gira para colocarse en el flanco derecho de B. A dará una patada lateral en la rodilla de B y envolverá con su mano derecha la muñeca de este. Al mismo tiempo dará un tirón al brazo de B. Todas estas cosas deberán hacerse al mismo tiempo.

B, debido al tirón, estirará el brazo, y A con el canto de su mano derecha ejercerá presión hacia abajo, en el borde cubital de la muñeca de B, y atrapando con los dedos el antebrazo derecho de B lo rotará hacia abajo y adelante. Mientras, con la izquierda intentará llevar la palma de la mano derecha de *B* hacia el codo, quedando el canto de la mano derecha de *B* hacia arriba (ayudando a la separación del cúbito del resto de la mano). *A* se ayudará de un fuerte zarandeo para doblar el codo derecho de *B*.

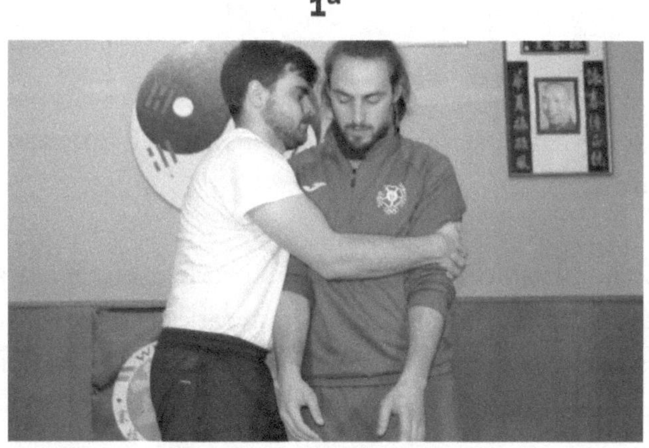

Al doblarse *B*, *A* aprovechará para golpearle fuertemente la cara con el codo.

Abrazo lateral

1ª

B abraza de costado a A dejando atrapados los dos brazos de este.

A, con su mano izquierda, sujeta por dentro el codo derecho de *B* y súbitamente abre las piernas al ancho de sus hombros y hace una sentadilla bajando el culo hasta la altura de las rodillas. Mientras, con su brazo izquierdo tirará del brazo de *B* hacia fuera y le dará un fuerte codazo en la boca del estómago.

Acto seguido, una vez hecho un espacio de separación mínimo, *A* sujetará con su mano derecha la muñeca de *B* haciendo presión hacia abajo, y con el antebrazo izquierdo golpeará desde abajo y hacia arriba el tendón del tríceps de *B*.

Agarre de espaldas

1ª

En esta ocasión se utilizará una variante de **lanzamiento en cuchara.**

B, con su brazo derecho, agarrará por la espalda a la altura del cuello a *A*. Este reaccionará girando sobre sí mismo por su lado derecho y envolviendo con su brazo derecho el antebrazo derecho de *B* de abajo arriba.

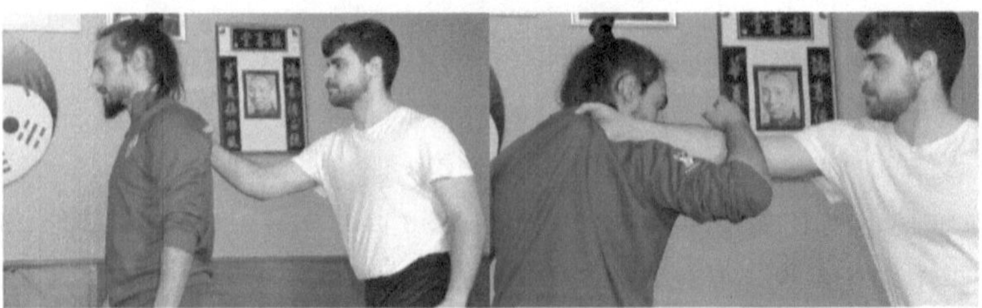

A la vez que envuelve el brazo de *B*, ejercerá presión sobre este hacia sí mismo y hacia abajo para que *B* se incline. *A* aprovechará esta inclinación de *B* para darle un codazo circular con el brazo izquierdo.

Rápidamente y antes de que *B* reaccione, *A* se colocará lateralmente respecto a *B* y meterá su pierna izquierda doblada y detrás de las dos piernas de *B*.

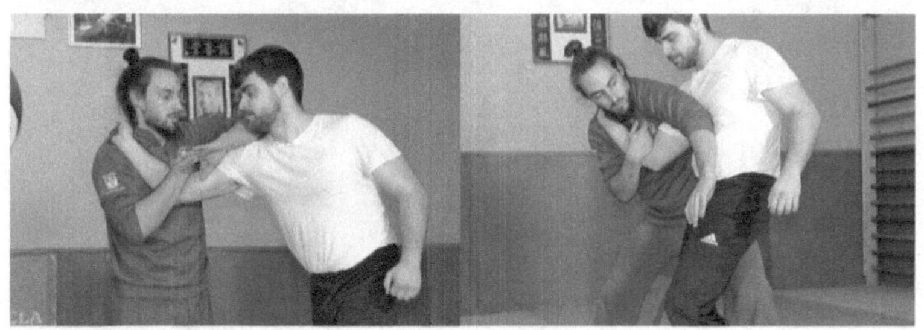

Al mismo tiempo propinará un codazo ascendente en la cara de *B* haciendo que caiga al suelo.

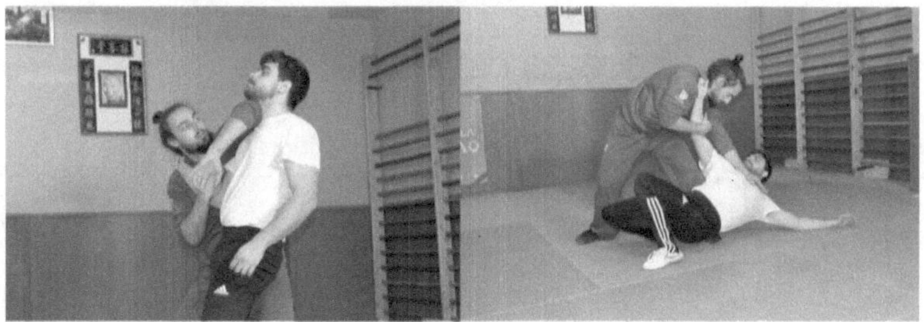

B agarrará con las dos manos fuertemente la parte alta de la espalda a *A*, el cual levantará los brazos y girará sobre sí mismo por su lado izquierdo.

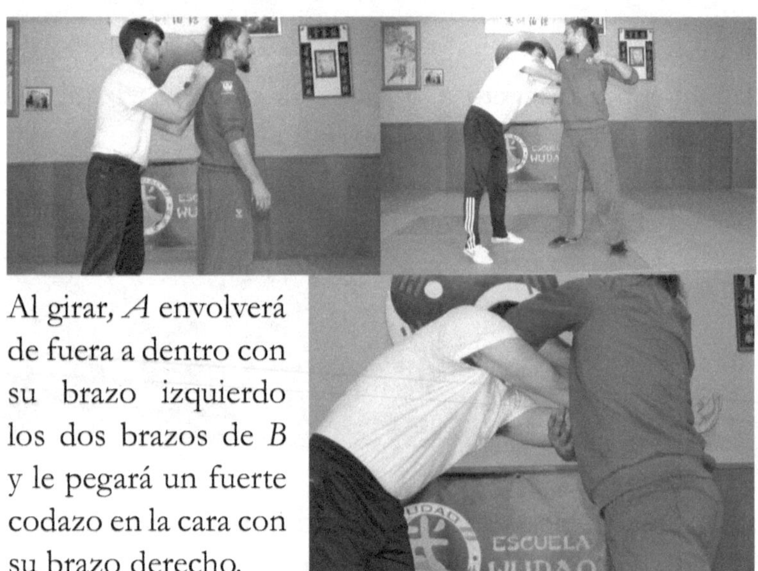

Al girar, *A* envolverá de fuera a dentro con su brazo izquierdo los dos brazos de *B* y le pegará un fuerte codazo en la cara con su brazo derecho.

Abrazo de espaldas

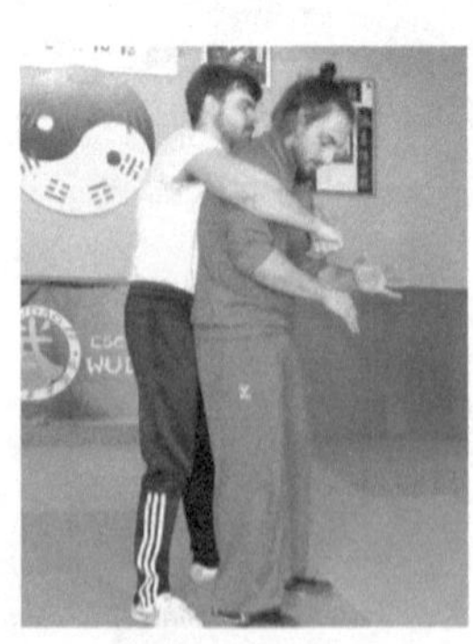

1º

B agarrará a *A* con un "abrazo de oso" bloqueándole los brazos un poco por encima del codo quedando sus manos a la altura del pecho de *A*. *B* meterá su pierna derecha entre las piernas de *A*.

A envolverá el tobillo de *B* con su pierna derecha de manera que la zona de su empeine-tibia haga "gancho" tras el tobillo de *B*.

Entonces será cuando *A* arrastre la pierna de *B* hacia delante mientras se sienta bruscamente en el muslo derecho de *B* por encima de la rodilla rompiéndosela.

2ª

En esta ocasión *A* se zafará de *B* con la técnica **lanzamiento por encima**.

B tiene atrapado a *A* con un abrazo de oso un poco por debajo del hombro y con sus pies a la misma altura en una guardia neutra.

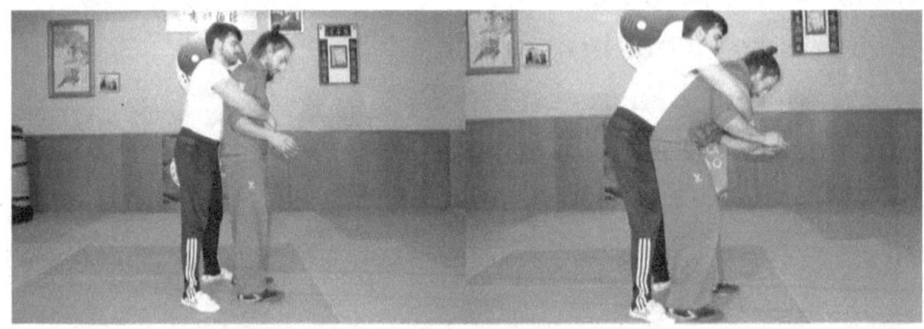

A pisará el dedo gordo del pie derecho de *B* con su talón, le dará un culetazo y abrirá los brazos abombando la espalda. Acto seguido, *A*, con su brazo derecho envolverá, pinzando con su bíceps, el brazo derecho de *B* y con la mano izquierda atrapará su codo derecho. Mientras, meterá sus dos piernas dentro de las de *B* y hará una sentadilla para poder desequilibrarle y proyectarle hacia adelante.

Contra patadas

1ª

En esta técnica usaremos en combinación las técnicas de **atrape de patada circular y gran segado exterior** (aunque modificado).

Desde la posición de guardia, *B* lanzará la pierna derecha con un patada circular, la cual A , haciendo cuchara con su brazo derecho, atrapará.

Rápidamente *A* usará su brazo derecho para cubrirse la cara mientras avanza y siega con su pierna derecha la pierna izquierda de B.

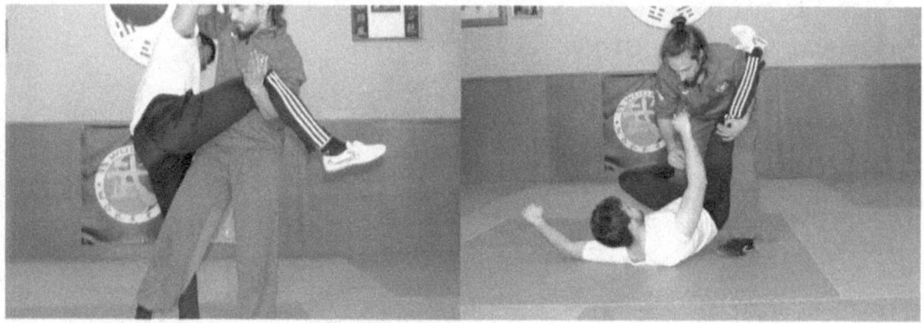

2ª

Desde la posición de guardia, *B* lanzará la pierna derecha con un patada circular, la cual A , haciendo cuchara con su brazo derecho, atrapará.

A rápidamente pateará lateralmente la rodilla izquierda de *B*.

3ª

Para esta ocasión utilizaremos un **atrape de patada frontal** y una variante de **clavada del cuerpo**.

Desde la posición de guardia, *B* lanzará una patada frontal con su pierna derecha y *A* responderá atrapando dicha pierna.

Acto seguido, *A*, sin soltar la pierna de *B*, se desplazará hacia

su izquierda, dejando sujeta la pierna de *B* en su costado derecho, bloqueando con la punta del pie izquierdo la pierna izquierda de *B*. *A* mantendrá una amplia distancia entre sus piernas.

Para finalizar, *A* tirará fuertemente de la pierna derecha de *B* rotando su cadera hacia la derecha proyectándole.

4ª

B lanzará una patada frontal con su pierna derecha hacia el pecho de *A*, a la cual este responderá atrapándole la pierna.

A tirará fuertemente de la pierna derecha de *B* y acto seguido la subirá en dirección a la cara de este provocándole una caída.

5ª

B lanza una patada lateral derecha a la altura del pecho a *A* y este responde atrapando su pierna dejando su antebrazo derecho abajo y el izquierdo arriba.

A se aparta un poco a su izquierda y le propina codazos un poco por encima de la rodilla.

6ª

B lanza una patada lateral derecha a la altura del pecho de *A* y este responde atrapando su pierna dejando su antebrazo derecho abajo y el izquierdo arriba.

Acto seguido *A* se desplazará hacia su diagonal izquierda, y sin soltar la pierna derecha de *B*, barrerá el pie de apoyo de este de una patada tirándolo al suelo.

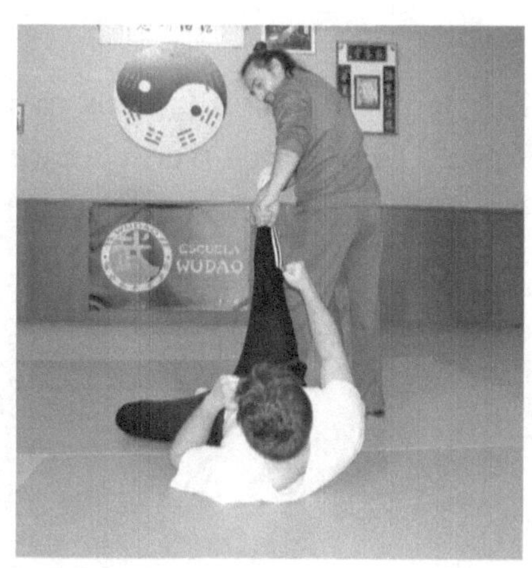

Contra cabezazo

1ª

B nos agarra de la pechera y pone su frente sobre la frente de *A* de forma amenazante. *A* le dará un tortazo con la mano derecha y otro muy seguido con la izquierda para apartar la cara de *B*. Tras este segundo tortazo le golpeará fuertemente con el hombro.

B agarra a *A* de la pechera con las dos manos e intenta darle un cabezazo. *A* golpeará a *B* con el canto de la mano en garganta y con la rodilla en la boca del estómago.

Técnicas de cuchillo

Mientras pelee con un oponente armado, deberá poner toda su atención en el arma, pues recuerde que el metal gana a la piel. Si cree que por mirar al cuchillo del rival este podrá golpearle con la otra mano impunemente, está en lo cierto. ¡Ja!, la vida es dura. Pese a esto, aunque tengamos toda nuestra atención en el arma, intentemos no quedarnos absortos y descuidar la defensa.

Al final de cada una de estas técnicas, *A* deberá deshacerse del cuchillo tirándolo a un contenedor o alcantarilla lo más rápido posible para evitar disgustos posteriores.

1ª

B tiene el cuchillo cogido con la mano derecha con el filo hacia arriba. Con un movimiento circular, de derecha a izquierda, tratará de rebanar el cuello de *A*.

A, para evitarlo, se acercará con un paso hacia *B* e interceptará con su mano o antebrazo izquierdo la muñeca o parte baja del antebrazo derecho de B, y con su brazo derecho envolverá el brazo del atacante por debajo para poder golpear violentamente el tendón de su tríceps con la intención de romper el brazo.

2ª

B mantendrá el mismo agarre que antes, pero esta vez atacará recto y hacia la boca del estómago de *A*. *A* esperará con las manos levantadas a la altura del pecho. Cuando *B* lance la puñalada hacia el estómago de *A*, este responderá bajando y cruzando las manos, dejando por arriba la mano derecha, para interceptar bruscamente la muñeca derecha de B con sus antebrazos. Para evitar la puñalada si falla la intercepción, *A* ahuecará metiendo tripa y abombando la espalda e incluso dará un pequeño saltito hacia atrás, pero manteniendo siempre una distancia que le permita contraatacar.

A velozmente deberá sujetar con sus manos fuertemente la mano de *B*, de forma que los pulgares queden en el centro del dorso de la mano de *B* y pueda apretar sus dedos(esta vez *B* no tiene la palma abierta, ya que seguirá sujetando el cuchillo). A continuación *A* retorcerá la muñeca del atacante en el sentido de las agujas del reloj, mientras que con un fuerte tirón y una patada en la rodilla le estirará el brazo.

A lleva la palma de la mano de *B* hacia el codo de dicha mano ejerciendo presión para desarmarlo en cuanto este afloje la muñeca por la luxación.

3ª

Se usará **luxación de codo con el hombro.**

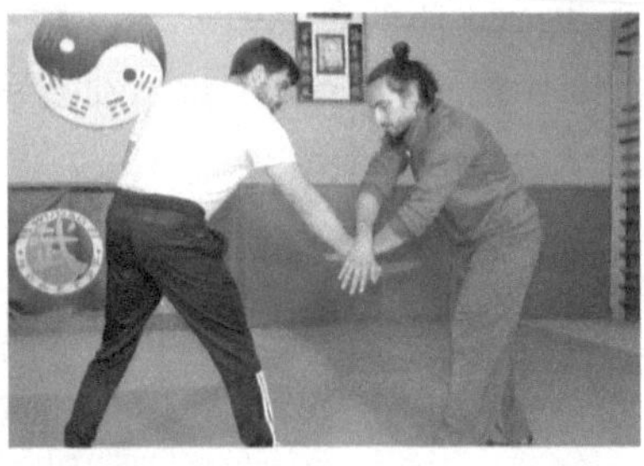

B intentará apuñalar a *A* en la boca del estómago y *A* meterá tripa y abombará la espalda igual que antes, pero esta vez sujetará el antebrazo-muñeca de *B* con las dos manos lo más fuerte posible.

Acto seguido, *A* dará un fuerte tirón del brazo de *B* siguiendo la trayectoria de la puñalada y elevándola mientras se aparta hacia la izquierda de dicha trayectoria.

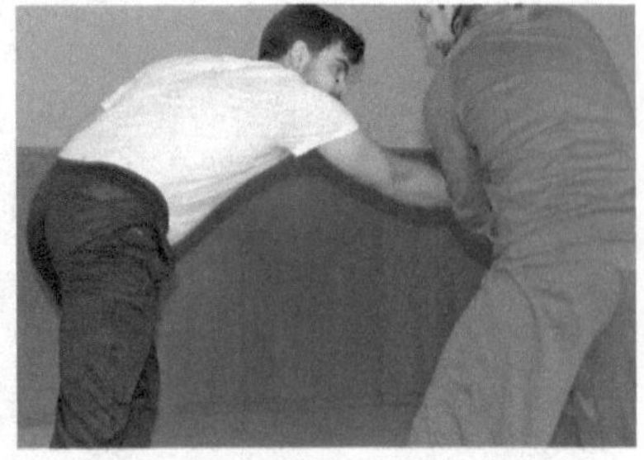

A se meterá debajo del brazo de *B* colocando el hombro izquierdo bajo su tendón del tríceps.

A se elevará súbitamente mientras hace palanca tirando con sus manos de la muñeca de *B* hacia su estómago (recuerde que *B* va armado y que no es buena idea que, por el hecho de hacer perfecta la palanca, *A* se apuñale solo).

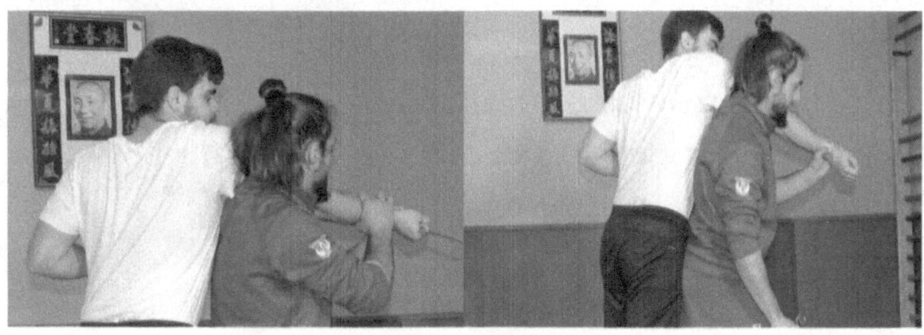

4ª

En esta se usará **lanzamiento por encima.**

B pretende un corte diagonal de arriba a abajo y de derecha a izquierda. *A* deberá dar un paso con su pierna derecha hacia el frente y bloquear la cuchillada por encima de su cabeza.

Acto seguido, *A* envolverá desde abajo el brazo derecho de *B* con el suyo mientras que su mano izquierda agarra la muñeca derecha de *B*. Todo ello mientras cruza su pierna izquierda por detrás de la derecha y la posiciona entre las piernas de *B* con la cintura por debajo del punto de gravedad de este (el ombligo).

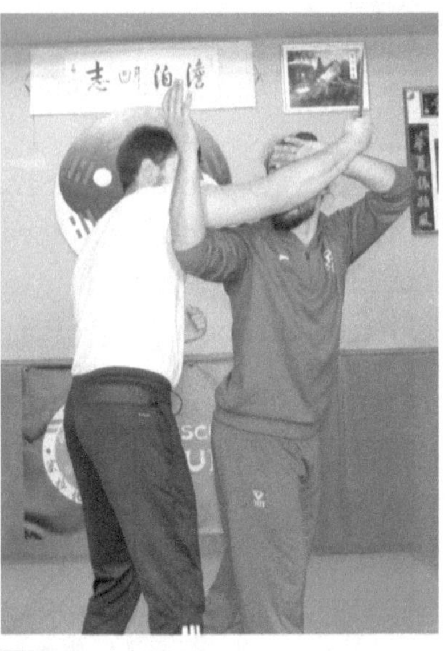

A realizará una sentadilla y lanzará a *B* por encima suya, pero la mano izquierda de *A* deberá preocuparse además de dar un fuerte tirón sobre el brazo de *B* para alejar el cuchillo de su cuerpo.

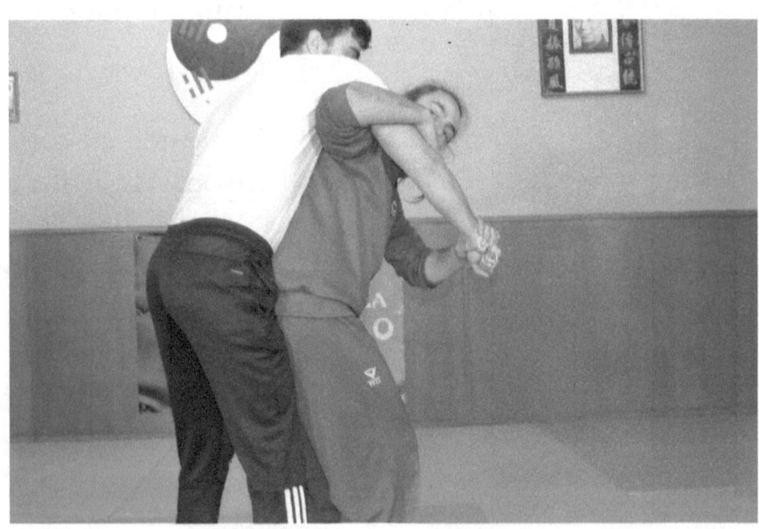

Para finalizar, una vez con *B* en el suelo, y con *A* sin soltar el agarre de la muñeca derecha, si *B* no ha soltado el arma al ser proyectado, *A* le propinará una buena patada hacia delante en el codo con un fuerte tirón del brazo hacia atrás, quedando así *B* luxado y desarmando.

5ª

Aplicaremos **luxación al codo doblado.**

B, con el agarre invertido, intenta asestar una puñalada de arriba a abajo a *A* con su mano derecha, a lo cual *A* responde atrapando la muñeca derecha de *B* con su mano izquierda, que quedará con el pulgar hacia abajo y la palma hacia afuera.

Inmediatamente, *A* se acercará a *B* para atrapar la muñeca derecha de este con su mano derecha, de tal forma que el tríceps de *B* quede pinzado por el bíceps-antebrazo de *A* y que la mano de *A* pueda quedar con la palma hacia afuera y el pulgar hacia abajo. En ese momento *A* meterá la pierna derecha detrás de la pierna izquierda de *B*.

Una vez cogido este agarre, *A* llevará, sin soltar la muñeca de *B*, su mano derecha hacia su cintura, partiéndole a *B* el hombro y tirándole al suelo al no poder este retroceder al tener bloqueada la pierna.

Bibliografía

- *Técnicas elementales de captura en Wushu.*
  Wang Xinde

- *Wushu Zha Quan.*
  Juan Carlos Serrato

- *Cuerpo, Mente y Taiji Quan.*
  Juan Carlos Serrato

- *El Wu Shu del sur de China "El Nan Quan".*
  Juan Carlos Serrato

- *El Wushu de Wudang, volumen 1.*
  Juan Carlos Serrato

- *Técnicas de defensa personal del samurái de ayer al Jiujitsu de hoy, volúmenes 1 y 2.*
  Pedro R. Dabauza

- *Chin Na Fa skill of catch and hold.*
  Liu Ji Sheng

- *La esencia del judo.*
  Shu Taira

- *La nueva medicina deportiva.*
  Lyle J.Micheli y Mark Jenkin

- *Preparación física para deportes de contacto.*
  Christoph Delp

- *Biografía del Shihan Jigoro Kano.*
  John Stevens

- *Judo pages of history, part 1.*
  Vladimir Gristchenkov

- *La contrahistória.*
  Fernandez Diaz Villanueva

¿Buceamos juntos?

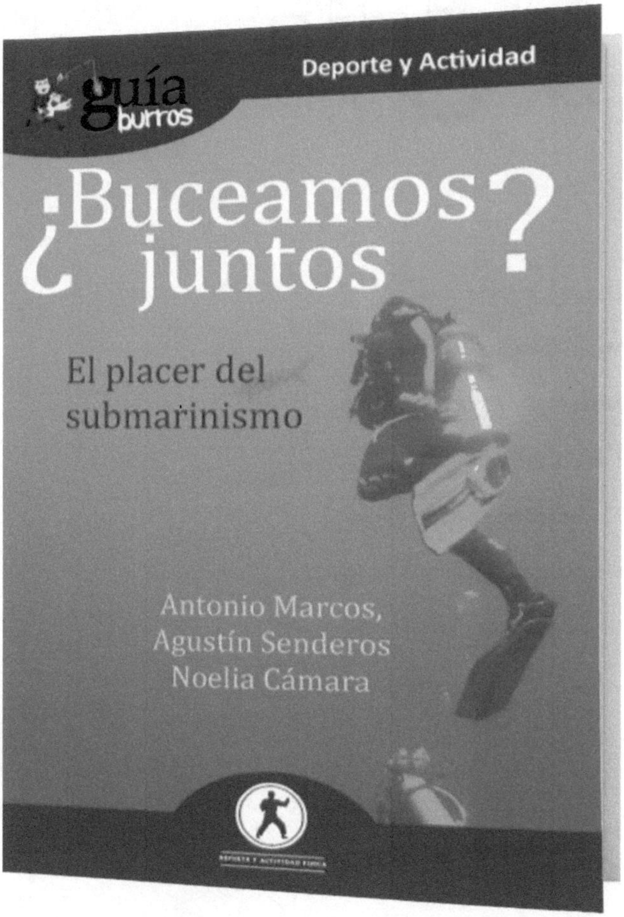

GuíaBurros ¿Buceamos juntos?
El placer del submarinismo

+INFO

http://www.buceo.guiaburros.es

Yoga con calor

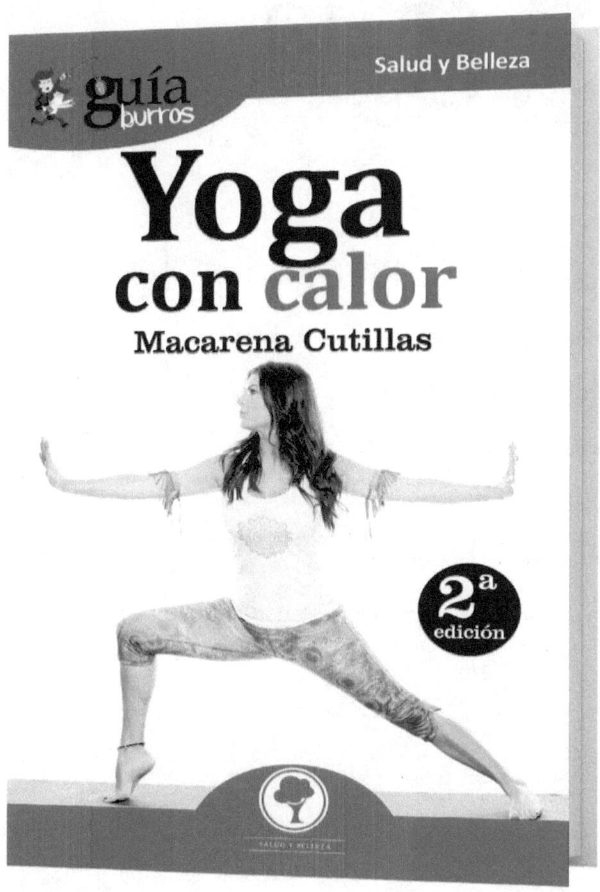

GuíaBurros Yoga con calor

Bienestar para tu cuerpo, mente y espíritu

Nutrición

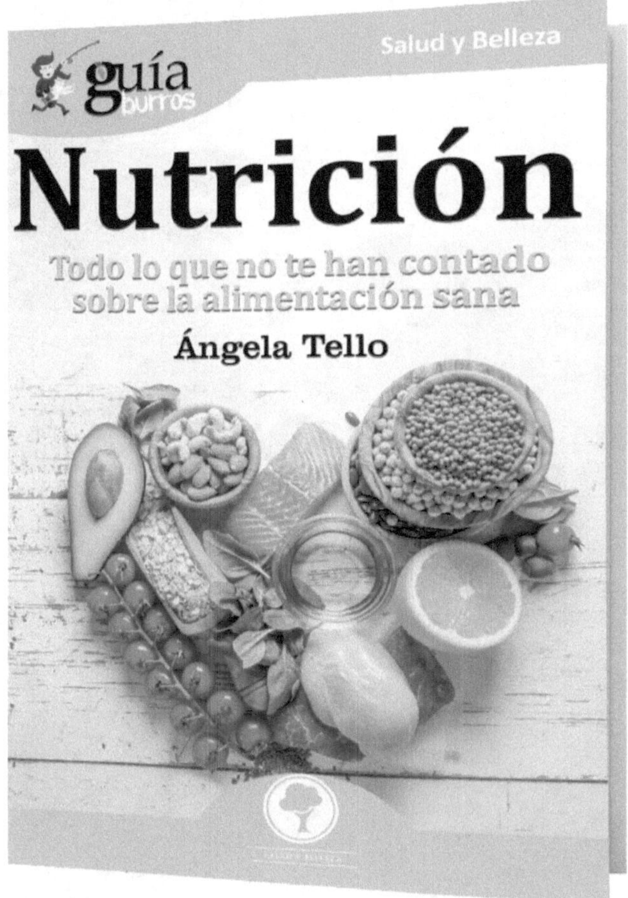

GuíaBurros Nutrición

Todo lo que no te han contado sobre la
alimentación sana

+INFO

http://www.nutricion.guiaburros.es

Nuestras colecciones

Guías para todos aquellos que deseen ampliar sus conocimientos sobre asuntos específicos, grandes personajes, épocas, culturas, religiones, etc., ofreciendo al lector una amplia y rica visión de cada una de las temáticas, accesibles a todos los lectores.

Guías para gestionar con éxito un negocio, vender un producto, servicio o causa o emprender. Pautas para dirigir un equipo de trabajo, crear una campaña de marketing o ejercer un estilo adecuado de liderazgo, etc.

Guías para optimizar la tecnología, aprender a escribir un blog de calidad, sacarle el máximo partido a tu móvil. Orientaciones para un buen posicionamiento SEO, para cautivar desde Facebook, Twitter, Instagram, etc.

Guías para crecer. Cómo crear un blog de calidad, conseguir un ascenso o desarrollar tus habilidades de comunicación. Herramientas para mantenerte motivado, enseñarte a decir NO o descubrirte las claves del éxito, etc.

Guías prácticas dirigidas a la salud y el bienestar. Cómo gestionar mejor tu tiempo, aprenderás a desconectar o adelgazar comiendo en la oficina. Estrategias para mantenerte joven, ofrecer tu mejor imagen y preservar tu salud física y mental, etc.

Guías prácticas para la vida doméstica. Consejos para evitar el cyberbulling, crear un huerto urbano o gestionar tus emociones. Orientaciones para decorar reciclando, cocinar para eventos o mantener entretenido a tu hijo, etc.

Guías prácticas dirigidas a todas aquellas actividades que no son trabajo ni tareas domésticas esenciales. Juegos, viajes, en definitiva, hobbies que nos hacen disfrutar de nuestro tiempo libre.

Guías para aprender o perfeccionar nuestra técnica en deportes o actividades físicas escritas por los mejores profesionales de la forma más instructiva y sencilla posible,

Autores para la formación

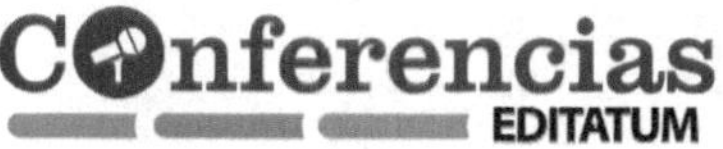

Editatum y GuíaBurros te acercan a tus autores favoritos para ofrecerte el servicio de formación GuíaBurros.

Charlas, conferencias y cursos muy prácticos para eventos y formaciones de tu organización.

Autores de referencia, con buena capacidad de comunicación, sentido del humor y destreza para sorprender al auditorio con prácticos análisis, consejos y enfoques que saben imprimir en cada una de sus ponencias.

Conferencias, charlas y cursos que representan un entretenido proceso de aprendizaje vinculado a las más variadas temáticas y disciplinas, destinadas a satisfacer cualquier inquietud por aprender.

Consulta nuestra amplia propuesta en www.editatumconferencias.com y organiza eventos de interés para tus asistentes con los mejores profesionales de cada materia.

www.editatum.com